당
신
이

잔혹한
100명 마을에
산다면?

출판은 사람과나무사이에서 이루어지는 가치 있는 일입니다.
도서출판 사람과나무사이는 의미 있고 울림 있는 책으로 독자의 삶을
좀 더 풍요롭게 만들기 위해 최선을 다하겠습니다.

# 당신이
# 잔혹한 100명 마을에 산다면?

에가미 오사무 지음
서수지 옮김

사람과
나무사이

## 저자의 말

# 새로운 삶의 방식을 찾는 독특한 '마을 탐방'에 당신을 초대합니다

단편적인 사실은 날마다 우리 눈과 귀로 쏟아져 들어옵니다. 기쁜 소식, 즐거운 뉴스도 있지만 대부분 약자에게 잔혹하기 그지없는 현실입니다. 나라 전체가 비명을 지르고 있다고 해도 지나치지 않을 정도지요.

나는 이 책에서 한 번쯤 깊이 생각해볼 만한 단편들을 모아 우리 사회를 '100명의 주민이 사는 마을'로 설정하여 알기 쉽게 설명하고자 했습니다. 우리를 둘러싼 잔혹한 현실에 눈감고, 귀 막고, 보거나 듣고 싶어 하지 않는 사람도 있을 수 있습니다. 그러나 외면한다고 해서 사실이 달라지지는 않습니다. 이 잔혹한 현실이 21세기 우리가 발을 딛고 선 이 사회의 적나라한 모습이지요. 나는 그런 잔혹한 현실의 배경에 똬리를 틀고 있는, 마치 그 현실을 은밀하고도 교묘하게 조종하는 것처럼 보이는 '돈'이라는 도구의 정체와 본질을 통찰하고자 합니다.

100명의 사람이 사는 잔혹한 마을. 나와 함께 이 마을을 방문해보지 않겠습니까? 이 독특한 '마을 탐방'을 통해 우리가 발을 디디고 선 이 사회를 제대로 이해할 수 있는 계기가 될 겁니다. 그리고 한발 더 나아가 새로운 삶의 방식을 발견하는 소중한 기회를 얻게 될 수도 있으리라 믿습니다.

_에가미 오사무

# CONTENTS

제 2 장

# CONTENTS

**궁지에 몰린 사회**



**약자에게 무자비한 도시와 농촌**



**비명을 지르는 공동체**



**행복도가 바닥을 치는 나라**

프롤로그

# 당신이 잔혹한 100명 마을의 주민이라면?

If you know a villager of
a cruel village of 100 people

일러두기

'프롤로그'는 저자가 일본 사회를 '100명 마을'로 압축하여 만든 것입니다. 세부 통계 수치에는 다소 차이가 있을지언정 그 '100명 마을'을 우리나라로 대치해도 전혀 문제가 없을 정도로 누구에게나 많은 공감을 불러일으킬 만한 내용입니다.

'설마……,
나랑은 상관없는 이야기이겠지?'
라고 생각했는가?

어쩌면 당신 생각이 맞을 수도 있다.
당신이 운 좋은 사람이라면
당신과는 무관한 이야기일 수 있다.
그렇다면 당신의 자녀는 어떨까?
그 자녀의 자녀들,
그러니까 당신의 후손은?
과연 그들도 잔혹하고 절망적인 현실을 용케 피해갈 수 있을까?

냉철해지자.
당신은, 그리고 우리 모두는 '잔혹한 마을의 주민'이다.

우리 아이들은 태어나는 순간부터
빚더미를 떠안을 것이고,
학비가 없어 제대로 교육받을 기회를 박탈당하거나
운 좋게 교육을 받아도 취업난에 고통받고,
수백 대 일 경쟁을 뚫고 취업해도
박봉에 시달리느라 결혼하지 못하고,
노후연금이 없는 늙은 부모를 부양해야 한다.
암울한 미래지만 이것은 이미 결정된 사실이다.
잔혹한 미래가 당신을 기다리고 있다.

If you know
a villager of
a cruel village of
100 people

지금 이 사회에는
1억 2,700만여 명의
사람이 살고 있다.
만일 이 거대한 공동체를
100명이 사는 마을로
압축하면 어떻게 될까?

49명이 남성이고,
51명이 여성이다.

13명이 어린이이고,
61명이 생산 가능한 노동자이며,
26명이 노인이다.

초등학생 5명,
중학생 3명,
고등학생 3명,
대학생 2명이
이 마을에 산다.

If you know
a villager of
a cruel village of
100 people

가장 잔혹한 현실은
급격한 인구 감소 문제다.
33년 후인 2050년에는
아동이 13명에서 10명으로 줄어들고,
생산인구는 61명에서 52명으로 감소하며,
노인은 26명에서 39명으로 늘어난다.

머지않은 장래에 이 마을은
어린이와 생산인구가 자꾸자꾸 줄어들어
사방을 둘러보아도 온통 나이든 사람들만 보이는
'노인의 마을'이 될 것이다.

## 실제로 전체 마을 사람의
## 4분의 1이 75세 이상의 노인이다.

사실, 이 마을이 아직까지
남아 있다는 게 신기할 정도로
마을 전체가
빚더미에 짓눌려 있다.

돈을 버는 사람은 점점 줄어드는데,
마을 전체 빚은 마을 사람들이
1년 동안 죽어라 일해서
벌어들이는 돈의 갑절에 달한다.

일반 가정이라면
진즉에 파산해서 빚잔치를 벌이고
일가족이 야반도주해도
이상한 일로 생각하지 않을 정도다.

월급 300만 원인 가정에서
다달이 490만 원이 필요하므로
매달 190만 원이 부족하다.

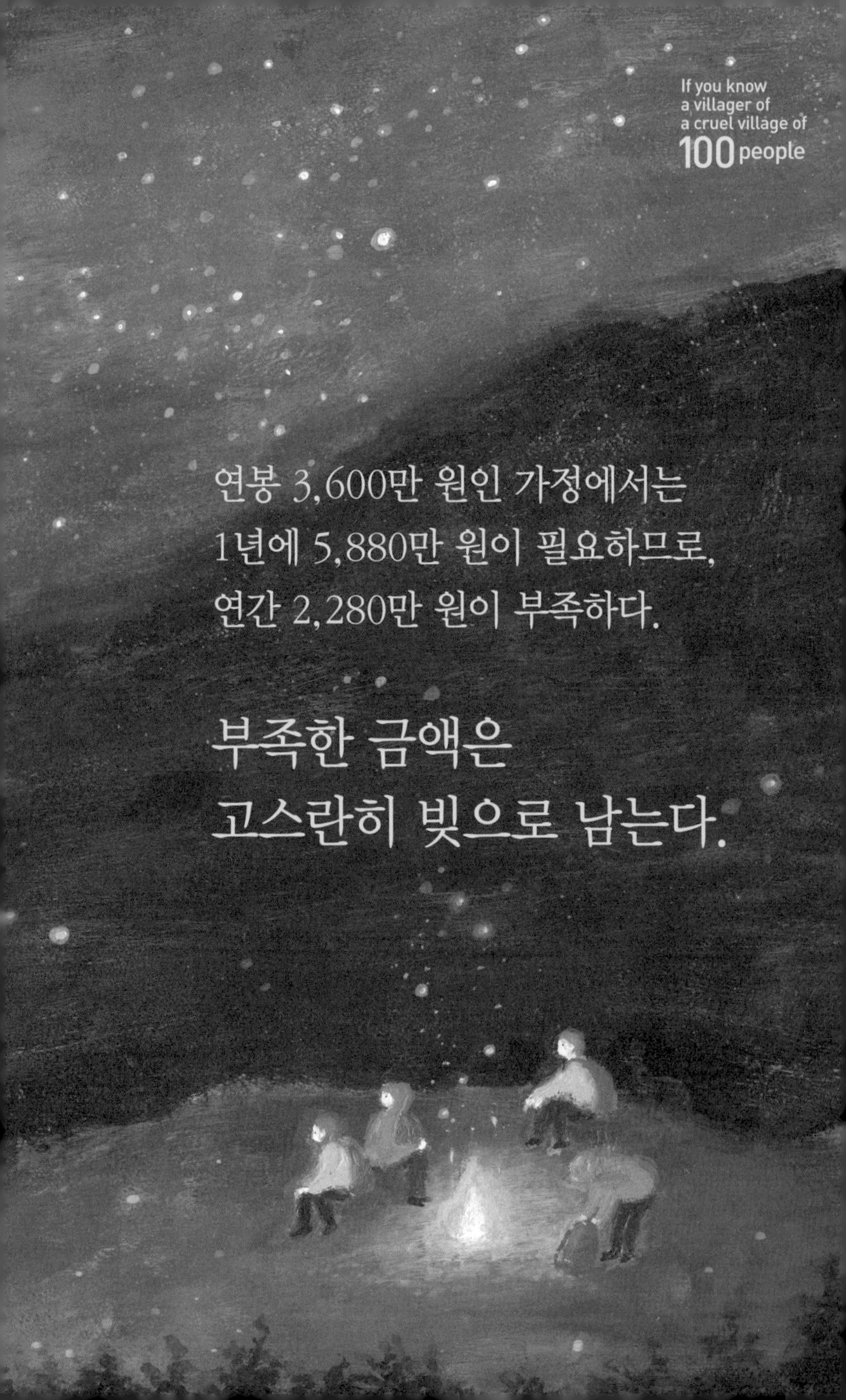

연봉 3,600만 원인 가정에서는
1년에 5,880만 원이 필요하므로,
연간 2,280만 원이 부족하다.

## 부족한 금액은
## 고스란히 빚으로 남는다.

돈이 나가야 할 구멍은 넘쳐난다.
그중에서도 사회보장비가 가장 큰 비중을 차지한다.

사회보장비란
마을에서 마을 사람들의 의료와 병간호 등에 사용하는 돈,
그리고 노인들에게 지급하는 연금이다.

마을에 노인이 늘어나면서
이들에게 들어가는 돈이
25년 사이에 자그마치 3배로 불어났다.

잔혹하게도
이 빚은 아이들과
20대 젊은이들에게
고스란히 돌아간다.

100명이 사는 마을에서는
41명의 마을 사람이 고용되어 일한다.

41명 중
26명이 정규직이고
15명이 비정규직이다.

비정규직이란
계약직, 파견직, 위탁, 아르바이트,
파트타임 등을 아우르는 용어로,
어느 날 갑자기 해고를 통보받아도
군소리 한마디 할 수 없는,
마을에서 아무것도 지원해주지 않는 사람들이다.

정규직과 비정규직이
한 시간 동안
일하고 받는 돈은
잔혹할 정도로 큰 차이가 난다.

If you know
a villager of
a cruel village of
100 people

정규직은 한 시간에 1만 9,370원,
비정규직은 1만 2,290원을 받는다.

연봉 2,000만 원 이하의
'워킹 푸어'로 불리는 사람들이
이 마을에는 9명이나 살고 있다.

일을 해서 돈을 버는 사람의
4분의 1에 해당하는 셈이다.

일하는 사람을 남녀별로 보면,
더욱 잔혹한 사실을 발견하게 된다.

정규직의
평균 연봉을 살펴보면
남성은 5,000~6,990만 원,
여성은 2,000~2,990만 원이다.

비정규직 평균 연봉을 살펴보면
남성은 1,000~1,990만 원,
여성은 1,000만 원 미만이다.

일하는 여성에게
이 마을에서의 생활은
팍팍하기 그지없다.

여성의 저소득은
한 부모 가정의 가난으로
이어진다.

이 마을 아동·청소년(18세 미만)의
약 16%가
빈곤층으로 분류된다.

빈곤 아동 수는 해마다 늘어나고 있고,
그중 절반이 한 부모 가정의 아이들이다.

이러한 상황에서 주민이
100명인 이 마을에 사는 사람의
절반인 50명이
'생활이 팍팍하다'고 푸념한다.

이 마을에는
형편이 어려운 마을 사람들을 돕는
'생활보호제도'가 있는데,
그 제도의 도움을 받는 사람이
해마다 꾸준히 증가하고 있다.

그러나 얼마 전 마을에서는 생활보호 예산을 줄이고
신청 방법도 까다롭게 바꾸었다.

생활보호를 받는 마을주민이 늘어난 것은
마을 사람들 탓이라기보다
이 마을의 빈곤과 양극화가
심해졌기 때문이다.

참고로, 이 마을의 규칙은
한 번도 쪼들려본 적 없는
촌장과 그 주위의 몇 사람이 결정한다.

이 마을의 노인들은
과거에 돈을 모으는 재미로 살았다.
그러나 지금은 어떨까?

마을에서 받는 연금만으로는
살림을 꾸려나갈 수 없어
한 푼 두 푼 모은 돈을 축내며 사는 노인의 수가
나날이 늘어나고 있다.

한 푼도
저축하지 못하는 가정 수는
마을 전체의
3분의 1에 달한다.

이 마을에는 병에 걸렸을 때를 대비해
미리 들어두어야 하는 보험료를 낼 형편이
못 되는 사람이 적지 않다.

## 보험에 가입한 가정의 5분의 1이 보험료조차 내지 못하는 상태다.

정규직도 되지 못하고,
월급은 오를 기미가 보이지 않고,
저축도 하지 못하는 상황이니
당연하다면 당연한 현실이다.
수입이 0원인 집에서도
보험료는 내야 하니 말이다.

(여기서 '보험'은 우리로 말하자면, '국민건강보험'이다.—옮긴이)

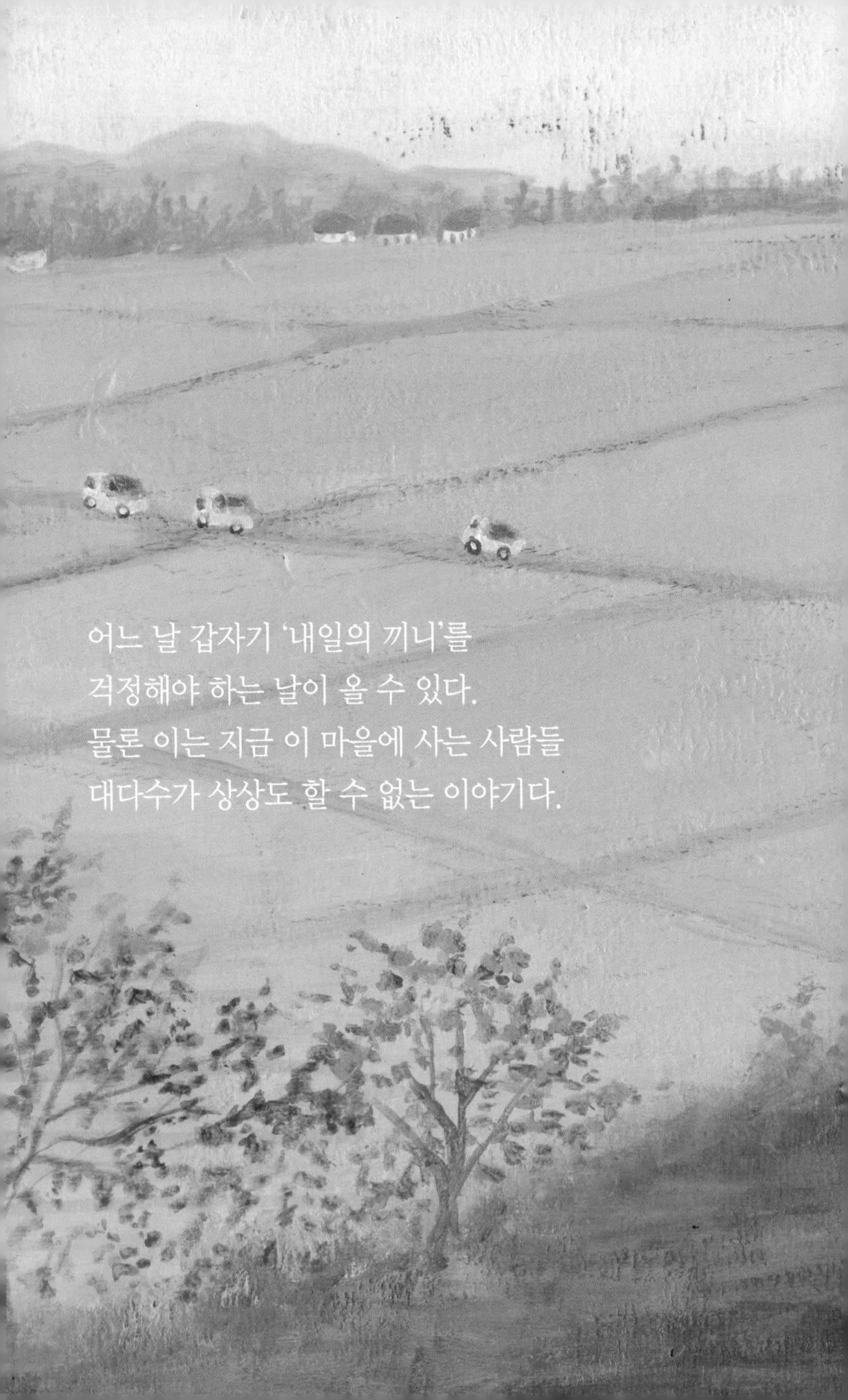

어느 날 갑자기 '내일의 끼니'를
걱정해야 하는 날이 올 수 있다.
물론 이는 지금 이 마을에 사는 사람들
대다수가 상상도 할 수 없는 이야기다.

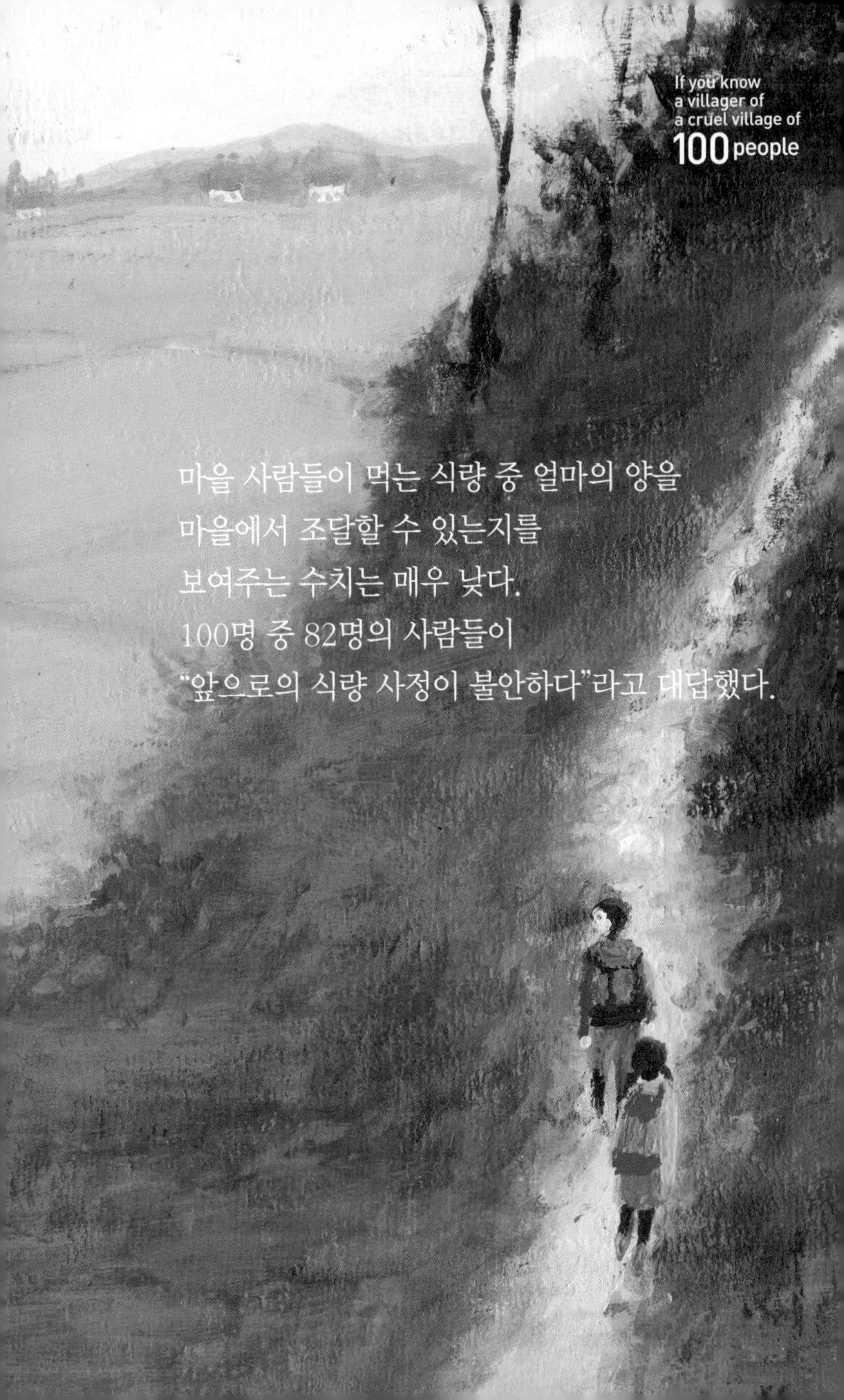

마을 사람들이 먹는 식량 중 얼마의 양을
마을에서 조달할 수 있는지를
보여주는 수치는 매우 낮다.
100명 중 82명의 사람들이
"앞으로의 식량 사정이 불안하다"라고 대답했다.

미래 식량 사정을 걱정하면서도
이 마을 사람들은 여전히
엄청난 양의 음식을 내다버린다.

역설적으로, 이 마을에서 버리는
음식물 쓰레기의 양은
이 마을에서 생산하는
쌀 생산량과 비슷하다.

전 세계에서
8명 중 1명이
굶주림에
시달리는데도 말이다.

이 마을에는 교육비에
'돈을 아끼지 않는 사람들'과
교육받기 위해 누군가에게
'돈을 빌려야만 하는 사람들'이 공존하고 있다.

그들 중 대부분이
돈을 빌려야 하는 처지의 사람들이라
언젠가는 빌린 돈을 갚아야 한다.

빌린 돈은 갚는 게
당연하다고 말하는 사람도 있지만,
다른 마을에서는
교육받기 위해 빌린 돈, 즉 학자금은
갚지 않아도 그만이라는 게 상식이다.

교육비 상환에 허덕이는
사람들이 많은 건
굳이 더 말할 필요도 없지 않을까.

이 마을에서는 매년
학대받는 아이들이 늘어나고 있다.

피해자의 대부분은
0세에서 초등학생까지의 아동이다.

피해 아동들은 험한 말을 듣고, 매를 맞고,
걷어차이고, 제대로 된 식사를 제공받지 못하고,
때로는 성적 학대에까지 시달린다.
그중에는 보호자에게 살해당하는 아이도 있다.

## 아동학대 가해자의 대다수는 친부모다.

이 마을에서는
자살하는 사람이
끊이지 않는다.

자살자 수만 놓고 보면
세계 5위의 자살 대국이다.

자살의 원인은 많지만
건강문제(우울증 등),
돈 문제(생활고 · 실업 등),
가정문제(불화 · 병간호 피로 등),
일 문제(업무 피로 · 인간관계 등) 등이
주류를 이룬다.

100명이 사는 이 마을에서는
31초마다 1명이 태어나고,
25초마다 1명이 사망한다.

48초마다
1쌍이 결혼하고,
2분 16초마다
1쌍이 이혼한다.

질병 사망원인 1위는
'암'이 차지한다.

남성의 주된 사망원인은
'폐암'이 압도적으로 높다.
여성은 폐암과 대장암이
1위 자리를 놓고 서로 다투고 있다.

If you know
a villager of
a cruel village of
100 people

이 마을에서는
65세 이상의
병간호를 필요로 하는 노인이
해마다 꾸준히 증가하고 있다.

그 노인들을
병간호해야 하는 사람은
남편과 아내, 자식들이지만
그중 3분의 2가 여성이다.

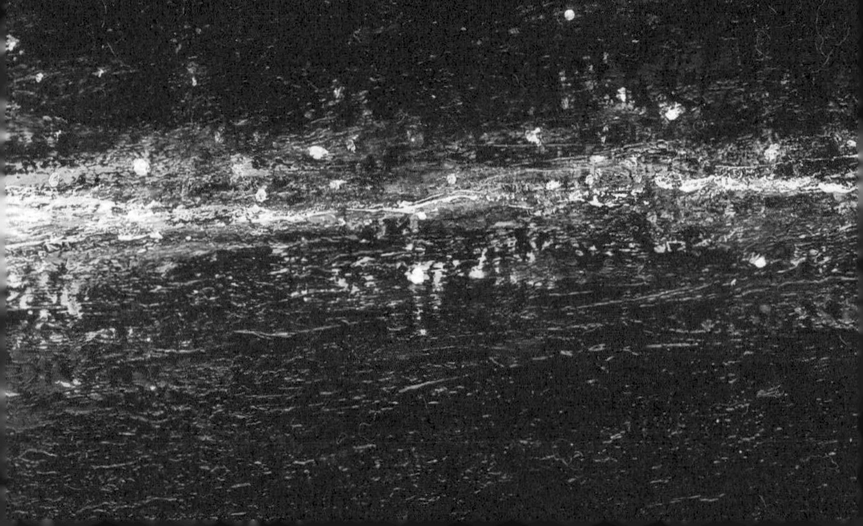

한 술 더 떠서 이 마을 사람
대부분이 60세 이상으로,
'노노(老老) 병간호'가
이루어지고 있다.

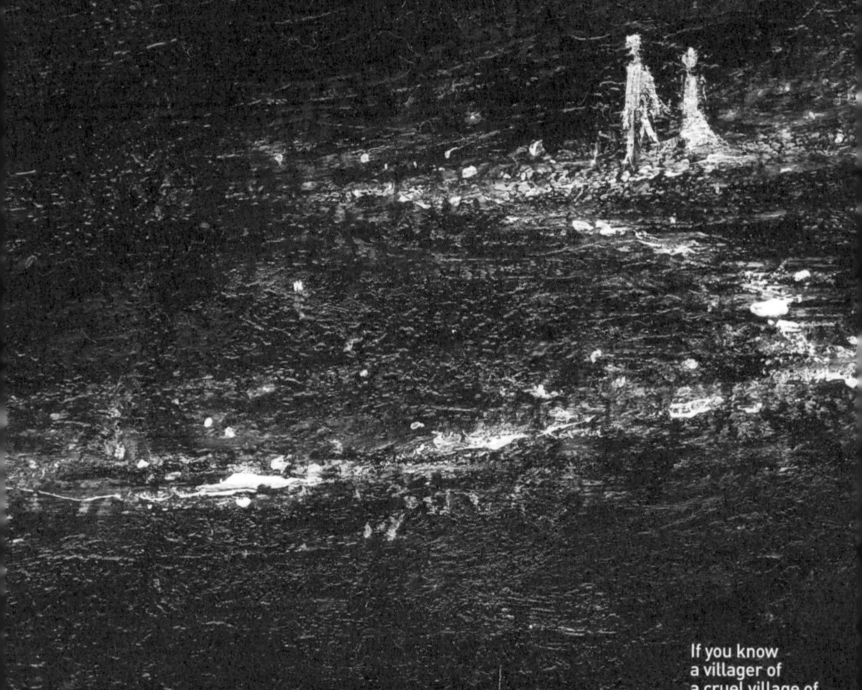

이 마을에서는
마음의 병을 앓는 사람이
급격히 증가하고 있다.

그중에서도 특히
우울증과 치매 환자가 많다.

노인이 넘쳐나는 고령화 사회,
그래서 더욱 치매가 남의 일 같지 않은지
사회적으로 특별한 관심 대상이 되고 있다.

10년 후인 2025년에는
노인 5명 중 1명이
치매 환자가 될 거라는
예측까지 나오고 있다.

마지막으로, 이 마을 사람들에게
생활에 관한 설문조사를 실시했다.

자기 생활에 대해
"고민스럽고 적잖이 불안을 느낀다"라고
답한 사람이

100명 중
67명이나 되었다.

그중
"노후가 불안하다"라고
답한 사람은
58명에 달했다.

이 마을의
행복도 순위는
158개 마을 중
46위다.

If you know
a villager of
a cruel village of
100 people

여기까지가 우리가 사는 마을의
잔혹한 현실이다.
좀 더 나은 내일을 위해
먼저 이 마을에 사는 사람들이
현실을 똑바로 보고 깊이 생각해
앞으로의 삶의 방식을
바꾸어 나가는 수밖에 없다.

단언컨대, 만만치 않은 문제에
온 마을 사람들이
한마음 한뜻으로 힘을 모을 때

마을의 미래를 바꿀 수 있다.

그리고
여러분의
인생도.

If you know
a villager of
a cruel village of
100 people

제 1 장

# 우리가 사는 '100명 마을'은 어쩌다 이런 잔혹한 사회가 되었을까?

——— 당신을 옭아매는 '돈'의 정체, 작동 메커니즘

표면적으로는 언뜻 이해가 되지 않고 감이 잡히지 않는 신념이나 사상도 찬찬히 들여다보면, 그 배후에 '돈'의 힘이 작동하고 있음을 간파할 수 있다. 자신이 지금 어떠한 처지에 놓여 있건 우리는 그 구체적인 현실과 정면으로 맞닥뜨리며 살아가야 한다.

나는 스무 살 즈음부터 우리가 사는 세상을 움직이는 돈과 진지하게 마주하며 살아왔다. 그러므로 '돈의 정체와 본질'에 대해 간파하고 있다고 감히 자신할 수 있다.

이 책의 첫 장에서 나는 오랫동안 자산관리전문가 등 경제전문가로 일하며 통찰한 돈의 정체와 본질, 정교한 작동 메커니즘을 여러분에게 낱낱이 공개하고자 한다.

## 내 인생을 나락으로 떨어뜨린 돈

나는 구마모토현 아마쿠사시에서 태어나 대학을 졸업한 뒤 대형 손해보험회사에 취직했다. 이후 외국계 보험회사로 이직했다가 서른여섯 살에 자산관리사로 독립했다. 인맥도 자본도 없이 맨주먹으로 독립했지만, 고군분투하는 나를 든든히 뒷받침해주는 두 존재가 있었다.

그중 하나는 몇몇 훌륭한 멘토(조언자·지도자)들이었다. 그들과의 밀도 있는 만남이 나를 성장시켰다. 내가 잘못된 길로 나아갈 때마다 따끔하게 꾸지람하고 호통치며 나를 이끌어준 그들 덕분에 나는 험난한 인생길을 잘 헤쳐 나올 수 있었다. 또 하나, 나를 성장시켜주고 바른길로 이끌어준 것은 아버지의 죽음이 가져다준 '삶의 무게'였다.

나는 멘토들에게 많은 귀한 가르침을 받았다. 그분들의 조언을 가슴 깊이 새겨듣고, 구체적으로 업무에 적용하며 삶의 길라잡이로 삼았다. 그 덕분에 그분들의 가르침이 소중한 피와 살이 되어 지금의 나를 만들었다고 생각한다. 멘토 중 한 분이었던 K 씨의 말씀은 지금도 일을 대하는 자세가 흐트러질 때마다 바로잡는 계기이자 자극제로 삼고 있다.

K 씨는 규슈의 후쿠오카에서 건강식품회사를 성공시킨 후 다른 사람의 제안을 받아 도산한 지방 골프장을 매수해 되살렸다. 본업인 건강 식품회사와 골프장은 얼핏 서로 관련성이 전혀 없어 보이는 사업처럼 보인다. 잘 모르는 사람이 보면 사업에 성공해 여유가 생기자 소일거리 삼아 골프장 사업에 뛰어든 사람처럼 보이기 쉽다. 말하자

면, 부자의 여흥처럼 보이기에 십상인 것이다.

그러나 실제 사정은 다르다. 그는 자신의 본업인 건강식품 회사의 주 고객과 골프장 고객이 비슷한 연배의 사람들인 데다 골프장을 활성화하면 건강식품을 꾸준히 구매해주는 단골들에게 유용한 서비스로 골프장 이용권을 증정하면 좋겠다고 생각해서 이 일을 추진한 것이었다. 또 그는 골프장에서 일하는 사람들이 실업자가 되지 않도록 빠짐없이 정규직으로 고용했고, 자칫 휴짓조각이 될 뻔했던 골프장 회원권을 되살려 성실하게 세금도 냈다. 한마디로, 그는 골프장 사업을 통해 지역 경제에 크게 공헌한 것이었다.

"사업을 할 때는 대의와 정의를 실현하고 사명감에 바탕을 두고 행동하는 것이 중요하지. 자네도 자산관리사로, 또 컨설턴트로 무엇을 위해 중소 영세기업의 경영 컨설턴트를 하는지를 명확히 해야 하네."

K 씨는 골프장을 되살리는 일에 관여하게 된 경위를 이야기한 다음 진지한 말투로 내게 충고했다. 나는 그의 말이 백 번 천 번 옳다고 생각했다. 왜 내가 중소 영세기업 살리기에 힘을 보태고 싶다는 대의를 품게 되었는지에 대해 그에게 묻고 싶었다. 나는 아버지를 둘러싼 환경을 보며 일을 대하는 마음가짐을 다잡았다.

나의 아버지는 할아버지의 가업인 전파상을 물려받으며 할아버지가 남기고 간 막대한 부채도 고스란히 떠안으셔야 했다. 할아버지가 지신 빚은 어마어마했다. 당신의 이름으로 얻으신 빚에 더해 친척들의 빚보증까지 서주며 불어난 부채가 무려 30억 원에 달했다고 한다. 아버지는 가업을 물려받고 나서 몇 채의 건물을 팔았지만, 그것으로도 빚은 절반 정도밖에 갚지 못하셨다. 여전히 30억 원의 절반에 가까운 거액이 고스란히 빚으로 남아 있었다.

아버지는 남은 빚을 갚기 위해 잠자는 시간도 아껴가며 죽자사자 일에 매달리셨다. 실제로 그 무렵 나는 아버지가 느긋하게 쉬시는 모습을 한 번도 본 기억이 없다. 그러던 아버지는 내가 대학생이던 시절 희망을 포기하고 자살하셨다. 내 인생에서 영원히 지울 수 없는 커다란 충격과 슬픔, 회한으로 얼룩진 사건이었다. 아버지가 남긴 빚은 그분이 돌아가신 뒤 나온 보험금으로 청산했다.

한데 그걸로 끝이 아니었다. 처음엔 빚을 다 갚았다고 생각했는데, 하루하루 숨겨진 빚이 두더지처럼 튀어나오기 시작했다. 아버지가 당신의 남동생, 즉 내 작은아버지의 보증을 서시는 과정에 생긴 빚이 4,000만 원에 달했다. 작은아버지는 행방불명 상태였다.

나는 아버지의 형제분들에게 빚을 나누어 갚자고 울며 애원했다. 그러나 그들은 하나같이 고개를 내저으며 매정하게 거절했다. 결국, 그 빚은 박복한 어머니가 갚으셔야 했다. 할아버지가 남긴 빚은 아버지의 죽음으로, 그 후 다시 남은 가족들의 몫으로 떨어졌다. 거기다 설상가상으로 작은아버지의 빚까지 가엾은 어머니가 온전히 떠맡으셔야 하는 암담한 현실이었다.

"아, 돈, 돈! 돈 때문에 이 세상에 얼마나 많은 슬픔이 생기는가!"

톨스토이의 이 말이 뼈에 사무치는 슬픔으로 내게 다가왔다.

## 돈은 '신'이 아니다

듣기 거북한 이야기를 잔뜩 늘어놓았지만, 아버지의 비참한 죽음이 내 안에서 일에 대한 '대의'로 이어졌다. 빚에 허덕이다가 그 무게를 견디지 못하고 자살을 선택하신 아버지의 존재는 이후 나의 사고방식과 가치관을 완전히 바꾸어놓았다.

주위를 둘러보면, 중소 영세기업 중에는 건실하고 안정적으로 사업을 꾸려나가는 기업이 의외로 많다. 반면, 나의 아버지처럼 곤경에 처한 기업이나 경영자도 적지 않다. 그런 기업들을 볼 때마다 나는 궁금증을 품곤 했다.

'왜 A사는 하는 일마다 승승장구하고, B사는 하는 일마다 번번이 실패할까?'

밤잠까지 아껴가며 몸이 부서지도록 일만 하시던 아버지가 어째서 감당도 안 되는 엄청난 빚더미에 앉게 되고, 끝내 극단적인 선택을 해야 했을까? 잘 굴러가지 않는 기업의 경영자는 날마다 돈에 쪼들리다가 비극적인 일생을 마치곤 한다.

그들에게 용기와 활력을 되찾아줄 해결책은 없을까? 나의 아버지처럼 돈 때문에 고민하고 고생하는 사람이 많다. 그러나 아무도 그들에게 궁지에서 빠져나오는 길과 구체적인 해결책을 가르쳐주지 않는다. 사업하다가 경제적으로 곤란한 처지에 빠진 사람들에게 고민을 털어놓고 의논할 수 있는 상대가 존재했다면 나의 아버지도 그와 같은 극단적인 선택을 하시지는 않았을 것이다. 적게나마 착실히 매출을 올리고 회사가 활기를 되찾으면 경영자와 그 가족들은 희망을 되찾고 다시 용기 내어 열심히 살아갈 수 있다.

"아버지의 죽음이 저의 대의가 되었습니다. 제가 할 수 있는 일로 중소 영세기업들이 매출을 올리도록 돕고, 작지만 강한 기업으로 거듭날 수 있게 뒷받침해주는 유능한 컨설턴트가 되고 싶습니다."

내 말을 듣고 K 씨는 조용히 고개를 끄덕였다. 나의 아버지를 죽음의 구렁텅이로 몰아넣은 것은 돈이다. 반면, 망해가던 골프장을 되살리고 지역경제를 활성화할 수 있었던 원천도 바로 돈의 힘이다. 그러고 보면, 돈은 야누스(로마신화에 나오는 문(門)의 수호신. 보통 두 개의 머리를 가진 모습으로 표현된다.—옮긴이)를 닮았다. 부정적인 방향으로 내달리면 인간을 한없이 옭아매고, 긍정적인 방향으로 나아가면 개인은 물론이고 국가와 사회 전체의 활력소가 되는 것이 바로 돈의 힘이다. 이것이 돈이 정체다.

"돈은 전 세계에 군림하는 신이다."

영국의 신학자 토머스 풀러(Thomas Fuller)가 남긴 말이다. 돈이 부리는 마술 같은 조화를 보고 있으면 그 힘과 능력에 압도되어 엎드려 절하고 싶은 심정이 들 정도다. 반면, 돈은 소중한 내 아버지의 생명을 빼앗는 치명적인 방아쇠로 작용하기도 했다. 그런 돈을 신처럼 떠받들거나 절대시할 생각은 손톱만큼도 없다.

그렇기는 해도 돈이라는 존재가 아버지의 죽음 이후 내 머릿속을 단 한 순간도 떠나지 않았다는 사실만은 부인할 수 없다(나는 돈의 그

림자에서 한순간도 벗어날 수 없었다). 대학에서 나는 '보험론'을 공부했다. 그런 터라, 졸업한 뒤 자연스럽게 보험회사에 취직하여 터무니없는 금액을 더하고 빼며 자산관리사가 되어갔다.

자산관리사는 '돈'을 중심으로 고객의 인생을 설계하는 직업이다. 그러다 보니, 스무 살 무렵부터 머릿속에 '돈, 돈, 돈……'만을 고집스럽게 생각하며 살아온 셈이다.

돈은 과연 신적인 존재일까? 그렇지 않다. 만일 돈이 우리 인간처럼 생각하는 능력을 갖췄다면 절대로 자신을 신적 존재로 생각하지 않을 것이다. 돈은 '살아가는 데 꼭 필요한 도구' 그 이상도 이하도 아니다.

나는 인생길을 한 걸음 한 걸음 신중하게 걸어왔고, 돈을 다루는 일을 하면서도 돈과 적절히 거리를 유지하려 의식적으로 노력하며 살아왔다. 적정한 거리를 유지하지 않고 살다가는 자칫 돈의 마수에 걸려 인생을 망칠 수도 있다는 본능에 가까운 두려움이 내 안에 자리하고 있었기 때문이다.

## 격차를 만들어내는 돈

우리는 학교에서 돈이 가진 3가지 기능에 대해 배웠다.

1. 가치와 가치를 바꿔주는 '교환 기능'
2. 부패하지 않아 모아둘 수 있는 '보존(저축) 기능'

3. 가치의 기준이 되는 '척도 기능'

이 3가지 정의는 일본 정부의 공적 기관 중 하나인 금융광보중앙위원회 홈페이지에도 기술되어 있다. 교환수단과 가치의 척도(일본에서는 '엔'이라는 단위의 척도로 상품 가치를 측정한다)는 그런대로 이해할 수 있지만, '가치의 보존 기능'이라는 부분에서는 누구나 고개를 갸웃거리기 마련이다.

'어라? 가치의 보존 기능이라고? 가치를 보존한다는 건 가치가 줄어들지 않는다는 뜻인가? 당연한 거 아냐? 가치가 줄어든다면 누가 돈을 모으겠어?'

지금 이 순간, 당신의 계좌에 들어 있는 1,000만 원은 내일도 모레도 1,000만 원으로 통용된다. 우리는 이를 당연한 사실로 받아들인다.

그러나 곰곰이 생각해보면, 시간이 아무리 지나도 가치가 줄어들지 않는 존재란 실제로 찾아보기 어렵다. 집이나 자동차만 해도 시간이 지나 낡으면 가격이 내려가고, 인간 역시 나이를 먹으면 늙고 약해진다. 반면, 돈의 가치는 시간에 비례해 줄어들지 않는다.

그러므로 여윳돈이 있는 사람들은 그 돈을 종잣돈 삼아 어떻게든 더 많은 돈을 '모으려고' 노력한다. 식량은 시간이 지나면 부패하지만 돈은 부패하지 않는다. 생물처럼 노화하지도 않는다. 아무리 많이 쌓아두어도 가치가 줄어들 염려도 없다. 이러한 돈의 '가치 보존 기능'이 격차의 근간이 되었다.

차곡차곡 쌓인 돈은 금고 속에 조용히 잠들어 있는 법이 없다. 은행 등의 금융기관은 돈이 필요한 여러 기관, 대기업과 중소기업, 개인에게 빌려준다. 물론 공짜가 아니다. 돈을 빌린 사람은 '이자'라는 대가를 꼬박꼬박 지급해야 한다. 그 이자로 돈은 증식하기 시작한다. 증식도 돈의 기능에 포함할 수 있겠지만, 이 기능을 누릴 수 있는 사람은 여윳돈을 가진 일부 사람들뿐이므로 제외했다.

사람들은 별 고민 없이 돈을 빌린다. 그러나 빚을 내면 언젠가는 반드시 갚아야 한다. 게다가 대출을 상환할 때 붙는 이자 액수를 보면 입이 떡 벌어진다. 단리라면 그나마 다행이지만, 복리라면 갚아야 할 금액이 순식간에 2배로 불어난다.

돈이 가진 2가지 기능, 즉 '가치가 줄어들지 않는 기능'과 '증식하는 기능'에 유념할 필요가 있다. 돈이 가진 이런 속성을 생각하다 보면, 돈이 마치 이 세상의 것이 아닌 것처럼 여겨지고 불가사의한 힘마저 느껴질 정도다.

돈은 누군가를 억만장자로 만들 수 있는 놀라운 힘을 갖고 있으며, 동시에 내 아버지와 같은 사람을 파멸과 죽음으로 몰아넣을 수 있는 파괴적인 힘도 지니고 있다. 위대한 철학자 쇼펜하우어는 돈의 속성과 본질을 다음과 같은 말로 경계했다.

"돈은 바닷물과 비슷하다. 마시면 마실수록 점점 더 목이 마르기 때문이다."

바닷물을 벌컥벌컥 들이키기 시작하면 자기도 모르는 사이에 지옥문이 활짝 열린다. 아무리 마셔도 갈증이 해소되지 않는다. 바짝 타서 갈라지는 목을 축이기 위해 겁도 없이 바닷물을 들이킨 자에게는 죽음이 기다릴 뿐이다.

## 컴퓨터, 돈의 위상을 높이다

본래 돈이란 물물교환의 불편함을 해소하기 위해 고안된 도구다. 교환의 불편함이란 내가 필요한 물건을 가진 사람이 내가 가진 물건을 원하지 않기 때문에 생겨난다. 그러므로 물물교환 교섭이 늘 성사된다는 법은 없다. 이러한 불편을 '돈'이라는 존재가 말끔히 해소해주었다. '돈'은 우리가 지닌 가치를 다른 누군가가 지닌 가치와 교환하는 매개체가 되어주는 존재로 인간사회에 홀연히 나타났다. 돈만 가지고 있으면 무엇이든 바라는 것과 바꿀 수 있게 된 셈이다. 즉, 돈은 '교환'수단이라는 용도로 탄생한 셈이다.

처음에는 화폐라는 형태로 조개껍데기가 사용되다가, 얼마 후에는 귀금속과 주조화폐가 사용되는 식으로 돈은 끊임없이 자신의 형태를 바꾸어갔다. 그러나 돈의 형태가 바뀔지언정 무엇이든 자유롭게 교환하고 매매할 수 있다는 사실은 달라지지 않는다. 돈으로 무언가를 사고팔 때 자신이 누구인지, 혹은 믿을 수 있는 인간인지를 증명할 필요는 없다. 나라는 인간이 아닌 돈 그 자체가 '신용'의 증표가 되는 셈이다.

무엇이든 교환할 수 있는 '만능성'과 그 교환을 가능하게 하는 '신용'이 돈을 다른 재화보다 우위에 놓이게 했다. 처음에는 교환 수단이었던 돈 자체를 보유하게 되었고, 이후 이자라는 개념이 생겨나면서 돈의 힘은 더욱 막강해졌다. 이제, 돈을 보유하고 증식시키는 것 자체가 목적이 되어버렸다. 인간사회에서 돈 이외의 그 무엇도 이런 막강한 힘과 능력을 지닌 존재는 없다. 돈은 인간사회를 좌우하는 매우 특별한 존재가 되어갔다.

현대로 이어진 돈의 역사 속에서 내가 특별히 주목하는 것은 다음의 2가지다. 하나는 미국이 금 달러 교환을 정지했던 사건이고, 다른 하나는 컴퓨터의 등장이다. 돈은 가치가 변하지 않는 귀금속 등의 화폐에서 비롯되었지만, 이는 무겁고 오래 사용하면 마모되어 가치가 줄어든다는 문제를 가지고 있었다. 그런 문제를 개선하고자 하는 노력의 연장선에서 지폐가 등장했다. 처음에 지폐는 귀금속 화폐의 대체품으로 사용되었다. 즉, 언제든 귀금속과 교환 가능하다는 보증서와 같은 속성을 부여받고 있었다. 그러다가 차츰 본위 화폐인 금화와 교환할 수 있는 '태환 지폐'가 되었다.

태환 지폐의 역사는 매우 길지만, 20세기에 들어서면서 미국 뉴욕 월가에서 주식이 대폭락하는 대공황이 일어나면서 전 세계적인 규모의 극심한 불황으로 이어졌다. 대공황이 원인이 되어 주요국의 금본위제는 붕괴했다. 금본위제란 금을 화폐가치의 기준으로 삼는 제도를 말한다. 즉, 언제라도 금과 화폐의 교환을 보증하는 제도를 의미한다. 제2차 세계대전이 끝났을 무렵, 금본위제를 채택한 나라는 오직 미국뿐이었다. 그 무렵, 전 세계 금의 3분의 2가 미국에 집중되어 있었다고 한다.

그러나 제2차 세계대전 후 막대한 군비 지출과 대국민 원조 정책

등으로 미국의 금 보유액은 크게 줄어들었다. 설상가상으로, 1965년부터 베트남 전쟁에 개입하면서 미국의 금 보유액은 더욱 빠른 속도로 바닥을 드러내기 시작했다. 급기야 달러와 교환할 수 있는 금 준비량이 부족해졌고, 1971년 8월 달러와 금 태환을 정지하기에 이르렀다. 이 사건이 이른바 '닉슨 쇼크(Nixon shock)'다.

왜 우리는 '달러 교환 정지'에 주목해야 할까? 이후 달러는 세계의 기축통화임에도 불구하고 그 어떤 보증도 따라붙지 않는 단순한 종잇조각이 되어버렸기 때문이다. 미국은 금과 교환할 필요가 없는 단순한 종잇조각인 달러를 필요한 만큼 마구 찍어낼 수 있게 된 것이었다.

어느 경제학자는 이 무렵의 미국을 '키를 잃어버린 난파선'에 비유했다. 그는 "달러가 정처 없이 전 세계를 표류하고 있다"고 표현하기도 했다. 기나긴 돈의 역사 속에서 그 자체로 신용할 수 있었던 화폐, 금이라는 든든한 보증으로 신용을 얻었던 태환 지폐의 시대는 종말을 고했다. 지금 유통되는 돈에는 아무런 보증도 붙지 않는다. 신용을 담보해주는 그 어떤 보증도 안전장치도 없음을 우리는 명확히 인식해야 한다.

현대의 돈은 컴퓨터의 등장으로 시대에 걸맞게 새롭게 변신했다. 『이 방법으로 살아남아라! 가라앉는 배에서 탈출하는 5가지 법칙』은 사회의 패러다임 변화를 논하는 상당히 흥미로운 책이다. 이 책은 '10년을 사랑받는 베스트셀러 작가 양성 코스'의 동료 스즈키 히로키가 지은 책이기도 하다. 나는 언젠가 그의 강의를 수강한 적이 있다.

그의 책에도 '컴퓨터'가 등장한다. 그 책에 따르면, 1946년 미국에서 완성된 첫 번째 컴퓨터는 "버스만큼이나 거대한 쥐덫 같은 물건이었다"고 한다. 이 컴퓨터가 혁명적으로 진화한 통신수단과 함께 돈의 모습을 획기적으로 바꾸어놓았다.

## 돈의 운명을 바꾼 역사적 사건

지금 가장 크게 문제가 되는 부분은 돈으로 돈을 사서 돈이 새끼를 치듯 불어나는 문제다. 특히, 컴퓨터와 인터넷이라는 디지털 공간 속에서 전 세계적으로 어지럽게 숫자가 오가며 돈이 돈을 버는 세상에 우리는 살고 있다. 전 세계가 인터넷이라는 보이지 않는 하나의 거대한 '그물'이 되어 모든 것을 긴밀히 연결하는 21세기 최첨단 자본주의사회에서 돈은 애초의 단순한 '척도 기능'이나 '교환 기능'을 갖는 것에 만족하지 않는 것처럼 보인다. 아니, 그 훨씬 이상이다. 돈은 인터넷 시대로 접어들면서 어마어마한 능력을 지닌 존재로 자신의 운명을 획기적으로 변화시켜가고 있는 것처럼 보인다.

내가 대학을 졸업할 무렵인 1989년 11월, 돈의 운명을 바꾸는 역사적 사건이 유럽 한 모퉁이에서 일어났다. '베를린 장벽 붕괴'가 그것이다. 베를린 장벽이 붕괴하고 독일이 통일되면서 세계정세가 급격히 소용돌이쳤을 뿐 아니라 돈이 움직이는 무대가 전 세계로 확장되는 직접적인 계기가 되었다.

베를린 장벽 붕괴는 미국과 소련의 냉전 종식을 상징하는 역사적 사건이었다. 그 이듬해인 1991년 12월에 소련은 무너졌고 러시아가

되었다. 철의 장막이 붕괴하면서 세계의 대부분 나라가 시장경제 국가로 편입되었으며 러시아, 동유럽 등 과거 사회주의 국가와 중국, 인도 등이 잇따라 시장경제 체제로 편입되었다. 그에 따라 시장경제 체제에서 살아가는 인구가 폭발적으로 증가했다.

한편 가장 강력한 적이었던 소련이 붕괴한 뒤 미국은 중요한 결정을 내렸다. 그때까지 군사 및 과학기술 분야에만 허가하던 인터넷을 상업용으로 전면 개방한 것이었다. 그때부터 본격적인 IT 혁명이 일어나 진화한 컴퓨터와 인터넷이 융합하며 말 그대로 전 세계는 하나가 되었다. 지구 반대편에 있는 나라와 순식간에 정보를 주고받고 자유자재로 통신할 수 있는 새로운 세상이 펼쳐진 것이었다. 그에 따라 돈도 눈 깜짝할 사이에 전 세계를 돌며 그 위상과 중요성이 급부상했다.

이렇게 돈이 무시무시한 기세로 폭력성을 보여주는 무대가 마련되었다. 1997년 7월, 미국의 헤지펀드를 기반으로 한 국제 투기 집단이 태국을 중심으로 한 아시아 신흥국 통화를 공매도하기 시작했다. 방어할 능력이 없는 아시아 각국은 돈의 위력과 폭력에 하릴없이 굴복했다. 국가 경제에 어마어마한 타격을 입은 태국과 인도네시아, 한국은 IMF(국제통화기금)에 구제 금융을 신청하고 IMF 관리하에 들어갔다.

이듬해 러시아와 브라질에서도 통화위기 사태가 촉발되었고, 일본도 굵직굵직한 은행들이 하나둘 나가떨어지기 시작했다. 오랜 세월, 인간들이 상식으로 믿어온 친숙한 돈의 모습은 감쪽같이 사라지고 없었다. 돈이 생명을 부여받은 듯 저절로 살아 움직이기 시작했다.

바야흐로 돈으로 돈을 사고, 이자가 이자를 낳는, 돈이 모든 것을 결정하는 자본주의 세계가 본격적으로 도래했다. 국제결제은행(BIS)은 3년마다 세계 외환 거래를 발표하는데, 2013년 1일 거래액은 평균 5조 3,450억 달러였다. 숫자만 놓고 보면 실감이 나지 않겠지만, 세계 무역액(수출과 수입의 합계액)의 평균 거래액이 2013년에 1,000억 달러 정도였던 점을 고려하면 어느 정도 액수인지 대략이나마 짐작할 수 있을 것이다(JETRO 2014년판 참조).

오늘날, 날마다 전 세계 무역액의 53배 이상이나 되는 천문학적인 액수의 돈이 인터넷을 통해 외국 채권과 해외투자 자본거래, 투기자금으로 전 세계를 누비고 다닌다. 세계를 누비는 돈은 현물이나 지폐, 또는 화폐의 모습이 아닌 디지털 화면에 찍히는 숫자로 전자 공간 속을 누빈다. 그 누구도 이 돈을 규제할 수도 없고, 심지어 정확히 파악할 수도 없다.

21세기의 돈은 과연 신인가? 아니면, 인간을 홀리는 요물인가? 물론 돈은 신도 요물도 아니다. 인간이 만든 제도이자 시스템 중 하나에 지나지 않는다. 의지를 갖고 바꾸려고 꾸준히 노력하면 얼마든지 바꿀 수 있다. 돈이 얼마만큼의 힘을 가지고 있던 그것은 인간이 만들어낸 하나의 수단이자 도구일 뿐이다.

저명한 동화작가이자 철학자인 미하엘 엔데(Michael Ende)는 말한다.

"돈의 힘은 대단히 강하지만 두려워할 필요는 없다. 우리가 얼마든지 바꿀 수 있기 때문이다."

## "돈도 노화해야 한다"

나는 자산 관리사다. 돈과 밀접한 관계를 맺을 수밖에 없는 직업이다. 이런 내가 불후의 명저『모모』로 유명한 독일 환상문학의 대가 미하엘 엔데를 만났다.『엔데의 유언』이라는 책을 통해서였다. 이 책은 내게 깊은 감동을 주었고, 돈에 관한 새로운 관점을 갖게 해주었다.

이 책에서 저자는 '빵을 사는 돈'과 '주식거래소에서 오가는 자본으로서의 돈'이 전혀 다른 돈이라고 지적한다. 이 책에는 나도 모르게 고개를 끄덕이게 하는 주옥같은 명언들로 빼곡하다. 아동문학가 미하엘 엔데와 사상가 실비오 게젤(Silvio Gesell)의 사상이 스며든 명언들은 내 삶의 방향을 정하는 데 도움을 준 하나의 중요한 지표가 되었다.

돈은 가치가 줄어들지 않는 독특한 재화다. 이것이 돈이 지닌 비인간성이자 가장 부자연스러운 속성이다. 제아무리 으리으리하고 화려한 저택도 시간이 지나면 낡아 허물어지기 마련이다. 세상에서 가장 맛있는 산해진미도 먹어버리면 사라진다. 먹지 않고 내버려 두면 썩어 없어진다. 오로지 돈을 제외하면 여기에는 예외가 없다. 돈만은 오래도록, 아니 거의 영원토록 변하거나 썩지 않고 본래의 가치를 유지한다. 사람들이 돈을 모으거나 그로부터 이자를 얻게 되는 것은 그래서다. 더 나아가 그들은 자신이 가진 돈을 굴려 끊임없이 증식시킨다.

'돈의 가치가 영원하다고? 그럴 리가 없어. 세상에는 영원한 게 없다고! 아무리 신통방통한 재주를 가진 돈이라도 시간이 오래 지나면 가치가 줄어들 수밖에 없어. 허무맹랑한 주장일 뿐이야' 하며 반박하고 싶은 사람도 있을 수 있다. 아무튼, 『엔데의 유언』을 읽다 보면 누구나 깜짝 놀라는 순간이 찾아올 것이다. 당연한 사실을 당연하게 받아들이지 않고 집요하게 물고 늘어져 생각에 생각을 거듭하는 자신을 발견하고서 말이다.

"돈도 노화해야 한다"라는 실비오 게젤의 말은 놀라운 통찰을 담고 있다. 당신은 이 말에 선뜻 동의하기 어려울 수도 있다. 마음 한구석에 '아무리 그래도 돈의 가치는 영원한 법이야'라는 생각의 씨앗이 비죽이 싹을 틔울 수도 있다. 곰곰이 생각해보면, 우리가 몸담고 사는 세상에서 가치가 줄어드는 돈이라는 예를 퍼뜩 떠올리기 어렵기 때문이다.

우리가 발붙이고 사는 세계에 '노화하는 돈'이라는 시스템이 도입되어 성공을 거두고 있다. 오스트리아의 뵈르글(Wörgl)이라는 작은 마을이 그 역사적 무대다. 세계 대공황 이후 벌어졌던 일이다. 이 마을은 천문학적인 액수의 부채를 짊어져야 했고 실업자가 넘쳐났다. 대공황의 악영향 탓이었다.

이 마을의 인구는 4,300명에 불과했다. 이곳에 무려 500여 명의 실업자와 1,000여 명의 예비 실업자가 있었다. 돈이 돌지 않아 순환이 정체되었고, 불경기가 이어지면서 악순환이 지속하였다. 이를 타개하기 위해 촌장은 현행 화폐와 병행하여서 한 달에 1%씩 가치가 줄어드는 돈을 발행했다.

이 돈을 즉시 사용하지 않으면 가치가 줄어든다. 그러자 주민들은 앞다투어 돈을 쓰기 시작했다. 너도나도 물건을 사들였다. 물건을 팔아 돈을 번 사람도 버는 족족 그 돈을 썼다. 돈이 돌면 경제효과가 커진다. 실제로 경제활동은 몇 배로 활발해졌다. 또 돈을 빌려도(가치가 줄어드는 돈이었기에) 이자가 붙지 않는다. 그 덕분에 많은 사람이 무이자로 돈을 빌려 사업을 시작했다. 그 결과, 마을은 산더미 같은 부채를 모두 말끔히 청산했고 실업자도 사라졌다. 이 실험적인 사업은 오스트리아 정부가 개입해 금지할 때까지 계속되었다.

실비오 게젤이 주창한 '노화하는 돈'이라는 개념은 루돌프 슈타이너(Rudolf Steiner)가 주창했던 이론과도 닮았다. 슈타이너는 게젤과 동시대를 살았던 사상가다. "돈은 인간이 만든 것이다. 그러므로 현실을 바꾸는 것은 불가능한 일이 아니다"라는 엔데의 말은 강력하고 또 타당하다. 그의 말을 역사가 증명하고 있다. 일본의 잔혹한 현실도 마찬가지다. 고정불변한 것이 아니다.

미국의 기업가 클린트 W. 머치슨(Clint W. Murchison)은 이런 말을 남겼다. 그의 말을 마지막으로 소개하기로 한다.

"돈은 비료와 같다. 골고루 뿌리면 도움이 되지만, 한곳에 쌓아두면 악취를 내뿜는다."

If you know a villager of a cruel village of 100 people

제 2 장

# 잔혹한 세상에서 살아남기 위한 무기, 3가지 자본

——— 사람(자기 자신) · 돈 · 관계

우리는 잔혹한 나라, 잔혹한 사회에 살고 있다.
앞으로도 우리는 이 잔혹한 공간에서 잔혹한 시간을
견디며 얼마나 오랫동안 살아가야 할지 알 수 없다.
우리는 어떻게 살아가야 할까? 어떻게 해야 좀 더
현명하고 행복하게 살아남을 수 있을까?
제2장에서는 잔혹한 사회에서 살아남고, 더 나아가
적극적으로 희망을 만드는 비결을 얘기해보고자 한다.
잔혹한 세상의 중심에는 '돈'이 구렁이처럼 똬리를 틀고
있는 것처럼 보이기 쉬우나, 사실 그렇지만도 않다.
인생의 중심에서 돈이 차지하는 무게는 생각보다 그리
무겁지 않다. 오히려 돈보다 훨씬 중요하고 핵심적인
가치를 담은 요소가 우리 삶에는 얼마든지 있다.
그게 무엇인지 함께 찾아보자.

## 어느 잡지 편집자의 고백

사람들은 흔히 기술 편향의 사고를 하는 경향이 있다. 달리 말하자면 이는 수단을 정당화하고, 더 나아가 목적으로 삼는 위험한 사고방식이다. 나는 이 점을 유감스럽게 생각한다.

'수단을 정당화하는 사고'란 무엇인가? 기술, 혹은 수단을 지상 최대 가치로 여기는 사고방식이다. 효과적인 기술과 도구, 유용한 수단만 손에 넣으면 이 세상에 해내지 못할 일이 없고 매사가 순조로우리라는 그릇된 낙관주의다.

안타깝게도, 상대적으로 연봉이 낮은 사람일수록 이런 사고방식에 젖어 있는 경우가 많다. 기술 편향의 '수단을 정당화하는 사고'에 빠진 사람은 먹고살기 위한 도구로 기술만 한 것이 없다며 죽자사자 기술을 연마하는 일에 몰두하고 매달린다.

얼마 전에 있었던 일이다. 모 잡지의 편집자가 취재하고 싶다며 내게 연락을 해왔다. 그는 '삶이 갈수록 팍팍해지고 고단해지는 이 시대에 20~30대가 생존을 위해 무엇을 해야 하는가'를 주제로 허심탄회한 이야기를 들려달라고 요청했다.

취재하기 위해 나타난 그 편집자는 얼마 지나지 않아 자신의 솔직한 속내를 드러냈다. 그는 공적인 취재보다는 사적인 재정 상담을 위

해 나를 찾아온 것이었다. 그의 나이는 서른다섯 살이고, 얼마 전 결혼했으며, 연봉은 4,500만 원 정도라고 했다. 최근에 그는 '내 집 마련의 꿈'도 이루었다고 했다. 그를 둘러싼 경제적 여건은 열악하지 않았다. 그런 그에게서 과연 어떤 질문이 나올지 궁금했던 나는 귀를 쫑긋 기울였다.

그의 이야기가 이어졌다.

"솔직히 저는 지금까지 살아오면서 악착같이 돈을 모아본 적이 없습니다. 물론 세상을 살아가는 데 돈이 얼마나 중요한지는 잘 알고 있습니다. 그런 터라, 지인이 소개해준 자산관리전문가에게 조언을 구해보기도 했지요. 그러나 별로 도움이 되지는 않더군요. 지금부터라도 착실히 돈을 모으고 싶은데, 구체적으로 어디서 어떻게 시작해서 어떻게 모아야 할지 막막하기만 합니다. 돈을 모으는 효과적인 방법이나 요령 같은 게 있을까요?"

그 편집자의 질문은 명쾌하고도 단순했다. 다만, 그가 내게 던진 질문은 질문하는 쪽에도 답변하는 쪽에도 하나의 전제가 필요하다. 그것은 바로 "당신은 왜 돈을 모으고 싶은가?"이다.

내가 대답하는 대신 오히려 질문을 던지면 사람들은 대부분 난처한 표정을 지으며 고개를 갸웃거린다.

"특별한 목적이 있는 건 아니고요……, 그냥…… 돈을 많이 모으면 좋겠다 싶어요. 하고 싶은 일을 뭐든지 할 수 있고, 좀 더 행복해

질 것 같아서요……. 솔직히 말씀드리면, 돈을 왜 모아야 하는지 진지하게 생각해본 적은 별로 없는 것 같아요."

사람들은 돈에 대해 에둘러 질문하지 않는다. 단도직입적으로 돈을 모으는 기발한 방법이나 요령, 노하우 같은 것을 알고 싶어 한다. 그러면서도 돈을 모으고자 하는 목적을 물으면 우물쭈물하며 제대로 대답하지 못한다. 기껏해야 "특별한 이유는 없어요"라거나 "모르겠어요" 같은 막연한 대답만 돌아온다.

결론부터 말하자면, 그래서는 돈을 모을 수 없다. 그들의 질문에 나는 이렇게 대답한다.

"제가 아는 한, 제대로 돈을 모으는 사람은 절대로 돈을 모으는 요령에 대해 생각하지 않습니다."

내 대답에 그는 알 듯 말 듯 아리송한 표정을 지었다.

기술은 중요하지 않다. 그렇다면 무엇이 중요할까? 삶의 방식이다. 어떤 방식으로 세상을 살아갈 것인가에 대한 치열한 고민이 뒤따라야 한다. 좀 더 구체적으로, 삶의 방식이라는 기초와 밑바탕을 탄탄히 다진 다음 세부 요소들을 하나하나 짚어가며 치밀하게 범위를 좁혀 들어가야 한다. 그러다 보면, 자신이 돈을 벌고자 하는 목적이 자연스럽게 나온다. 이렇게 도출된 그 목적이 인생의 방향과 삶의 질을 결정한다.

목적이 분명하지 않으면 돈을 벌 수도 없거니와 운 좋게 돈을 번다 해도 제대로 유지하거나 관리하기 어렵다. 목적이 분명하지 않으면 수단에 집착해 얕은 꼼수를 부리게 되고 맹목적으로 돈벌이에 매달리게 되기 쉽다. 그런 식으로 앞뒤 재지 않고 달려들어서는 오히려 돈이 모이지 않는다. 자칫하면 돈의 주인이 아닌 돈의 노예가 되기에 십상이다.

사람들이 '돈을 모으는 특별한 요령이나 노하우'를 주제로 대화하는 데에는 그 나름의 이유가 있다. 그들은 돈이 인생에서 가장 중요한 요소라는 결론을 일단 내려놓고 이야기를 시작한다. 그러다 보면 대화는 온통 돈을 모으고 불리는 방법에만 집중되고, 모두 그 방향으로만 기관차처럼 질주한다.

인생은 그렇게 단순하지 않다. 사실 우리 인생에서 돈이 차지하는 비중은 당신이 생각하는 것만큼 크지 않다. 나는 돈 문제에 관한 전문가인 재무설계사다. 이른바 '돈 전문가'인 재무설계사의 관점에서 보아도 그렇다는 말이다.

사람들은 '돈의 무게'를 자주 오해한다. 인생을 떠받치는 '3개의 기둥'이 있는데, 그중 하나가 돈이며 중요도로 치면 3개의 기둥 중에서 세 번째에 해당한다. 이 3개의 기둥은 인생을 떠받치는 대들보 역할을 한다. 여러분이 이해하기 쉽게 이 책에서 그 기둥을 '자본'이라고

부를 것이다.

자본이라고 하면 사람들은 대부분 '돈'을 떠올린다. 그러나 돈 외에도 자본이 될 수 있는 것은 많다. 자본은 다음의 3가지로 나누어 볼 수 있다. 첫째 '인적 자본', 둘째 '물적 자본', 셋째 '금융 자본'이다. 이 3가지가 경영에 필수적인 3가지 자원이다. 내가 이 책에서 논하게 될, 우리 인생을 좌우하는 중요한 3가지 '자본'은 그와는 사뭇 다르다. 그것은 다음과 같다.

1. 사람(자기 자신) — 자기 자본
2. 돈 — 금융 자본
3. 관계 — 인간관계 자본

이 중 돈의 비중은 당신이 생각하는 것만큼 크지 않다. 10점 만점으로 3가지 자본의 무게를 따져보자. 내 판단으로는, 자기 자신 — 3, 돈 — 2, 관계 — 5 정도가 아닐까 싶다.

'불행한 부자'나 '불행한 가난뱅이'의 관점에서는 인생에서 돈이 차지하는 비중이 극단적으로 높다. 그런 터라, 그들의 생각은 온통 돈 쪽으로만 쏠리기에 십상이다. 아이러니하게도, 돈에 연연할수록 오히려 돈은 잘 모이지 않는다.

## 멋진 부자가 되고 싶다면

밑도 끝도 없이 '불행한 부자'니 '불행한 가난뱅이'니 하는 말을 해서 당황한 독자가 있을지 모르겠다.

언젠가 나는 돈을 대하는 관점과 태도를 기준으로 인간을 분류해 본 적이 있다. 우선, 세상 사람들을 지극히 단순하게 '부자'와 '가난뱅이'라는 2가지 기준만으로 나누었다. 그러고는 1번과 2번에는 '부자'라는 단어를 쓰고, 3번과 4번에는 '가난뱅이'라는 단어를 썼다. 그런 다음 '멋진', '꼴불견인', '행복한', '불행한'의 4가지 형용사를 차례로 짝지어보았다. 그러면, 다음의 4가지 유형이 나온다.

1. 멋진 부자
2. 꼴불견 부자
3. 행복한 가난뱅이
4. 불행한 가난뱅이

먼저, '멋진 부자'란 어떤 사람일까? 주는 사람, 베푸는 사람이다. 자신이 가진 '자본'을 다른 사람에게 아낌없이 내어줄 줄 아는 사람이다. 그럼으로써 자신의 베풂을 받는 사람의 본원적 가치와 사회적 가치를 최대한 끌어올려주는 사람이다. 더 나아가 눈에 보이는, 혹은

눈에 보이지 않는 자신의 '자본'과 도움을 징검돌 삼아 다른 사람을 성공과 행복으로 이끌어주는 사람이다.

"자신이 50만 엔을 벌면 2명의 부하 직원에게 20만 엔씩 기꺼이 나누어 주고, 자신은 10만 엔으로 생활할 수 있는 사람, 그런 사람이 제대로 된 리더라고 생각합니다."

어느 젊은 경영자가 한 말이다. '멋진 부자'의 사고방식을 잘 보여주는 표현이라고 나는 생각한다.

그렇다. 자신이 일군 '자본'과 가치를 기꺼이 쏟아부어 타인의 가치를 끌어올려주는 사람, 넉넉히 베풀 줄 알고 세심하게 배려할 줄 아는 사람이 진정한 리더다. 그런 자질을 지니고 있고 생활에서 실천하지 못하는 사람은 잠시 리더의 흉내를 낼 수는 있을지언정 구성원들에게 진정한 리더로 오랫동안 존경받을 수는 없는 법이다.

파나소닉의 창업주이자 '경영의 신'으로 추앙받는 마쓰시타 고노스케는 그야말로 탁월한 경영자다. 고노스케는 '사는 사람이 즐겁고, 파는 사람이 즐겁고, 세상이 즐거워야 한다'는 기업경영철학을 주창했다. 그렇다. 파는 사람, 즉 기업이 만족스럽고 사는 사람, 즉 소비자가 만족스럽고 세상, 즉 모든 사람이 함께 발을 딛고 살아가는 공동체가 만족스러워야 한다. 어느 한 주체나 개인만이 이익을 창출하

는 사회가 되어서는 안 된다. 공동체를 구성하는 모든 이들이 힘을 합해 큰 이익을 창출하고, 그 이익을 모두가 골고루 나누어 가지는 구조를 구축해가야 한다.

기업에서 일하는 사람들, 그중에서도 특히 리더의 역할을 맡은 CEO는 물건을 출시하거나 서비스를 선보이기 전 무엇을 위해 영업을 하고 서비스를 제공하는지 스스로 묻고 또 물어야 한다. 또한, 무엇을 위해 돈을 벌려고 하는지를 진지하게 고민해야 한다. 남이야 어떻게 되든, 자신이 속한 공동체야 어떻게 되든 '나만 좋으면 장땡'이라는 생각으로는 존경받을 수 없고, 심지어 생존할 수도 없다. '더불어 잘 살 수 있다'라는 상생의 사고방식을 확고히 가지고 있고, 그 신념을 삶에서 실천할 수 있는 사람만이 진정 '멋진 부자'가 될 수 있다.

'멋진 부자'의 대척점에 서 있는 유형은 '꼴불견 부자'다. 꼴불견 부자는 자신만의 이익을 일관되게 추구하는 사람이다. 이런 유형의 사람은 다른 사람을 늘 속이려 든다. 그들은 영리할 뿐만 아니라 언변도 뛰어나서 사람들을 곧잘 속이고 농락한다. 그러나 그들의 술수는 오래가지 못한다. 일시적으로는 속임수가 통해 많은 돈을 벌 수 있고 승승장구할 수도 있지만, 머지않아 불의한 일이 드러나고 몰락의 길을 걷는다. 부정한 방법으로 많은 재산을 일군 부자의 끝은 몰락과 파멸뿐이다.

꼴불견 부자는 멋진 부자와 정반대의 인생길을 걷는다. 다른 이에

게 무언가를 나누어주고 베푸는 삶이 아닌 남이 가진 것을 탐내고, 빼앗고, 훔치는 삶을 산다. 남의 것을 빼앗는 데 자신의 인생을 바치는 사람이다.

이런 유형의 사람은 자신의 이익만을 추구하며 살아간다. 그러다 보니, 결국 남을 믿지 못하게 된다. 동료나 부하 직원은 말할 것도 없고 친구나 가족도 믿지 못한다. 서로 간의 확고한 믿음 없이 궁극적으로 잘되는 일이란 없다. 말주변이 좋아서 처음에는 번지르르한 말로 다른 사람을 속여 넘길 수 있을지도 모른다. 그러나 한두 번 용케 속여 넘겼다 해도 얼마 지나지 않아 들통나기 마련이다. 특히, 오늘날처럼 SNS가 발달한 인터넷 사회에서는 나쁜 소문이 순식간에 일파만파로 퍼져나가 하루아침에 명예가 곤두박질치고 알거지로 거리에 나앉게 될 수도 있다. 이 세상에 영원한 것은 아무것도 없다.

부자와 마찬가지로 가난한 사람도 두 부류로 나눌 수 있다. 그중 하나가 '행복한 가난뱅이'다.

행복한 가난뱅이는 자신이 하는 일이나 사회생활을 통해 어느 정도 평가받을 수는 있지만, 궁극적으로 성장하고 발전하지는 못한다. 왜냐하면, 그들은 항상 즉각적인 보상을 추구함으로써 한정적인 성과밖에 내지 못하기 때문이다. 그러다 보니, 과감한 도전도 하지 못한다.

그러나 '행복한 가난뱅이'는 일시적으로는 행복할 수 있다. 그들은 돈만 있으면 그만이라는 태도로 인생을 살기에 일단 돈이 있으면 스스로 행복하다고 여긴다. 적절한 비유인지는 모르겠지만, 인터넷을 모르고 살던 시절의 에스키모와 인터넷 세상에 눈을 뜬 에스키모 중 누가 더 행복할까? 전자가 아닐까?

정보가 많아지면 누구나 자신을 다른 사람과 비교하기 마련이다. 인터넷은 그야말로 정보의 바다이고, 그 바다에는 진짜 바닷속 물고기처럼 온갖 정보가 넘쳐나므로 이런 시대를 살아가는 사람들은 자기 자신을 다른 사람과 비교할 여지도 그만큼 많아질 수밖에 없다. 정보가 많아지면 그 정보를 이용해 얻을 수 있는 것이 그만큼 많아지고 더 많은 이익을 얻을 수도 있지만, 반대로 잃게 되는 것도 적지 않다. 정보가 넘쳐나는 인터넷 시대에는 분별력과 판단력을 지녀 잘못된 정보에 휘둘리지 않는 사람이 부와 명성을 지킬 수 있고 인생길을 올곧게 걸어갈 수 있다.

또 하나의 유형으로, '불행한 가난뱅이'가 있다.

불행한 가난뱅이는 다른 사람에게 늘 무언가를 빼앗아 자기 이익을 챙길 궁리만 하는 사람이다. 이는 4가지 유형 중에서도 가장 불행한 사람이다. '꼴불견 부자'라면 일시적이나마 돈을 벌 테니 그나마 최악은 아니지만, 불행한 가난뱅이는 돈을 모으려 아무리 용을 써도

늘 빈털터리 신세다. 불행한 가난뱅이는 애초 돈과는 인연이 없는 사람이다.

불행한 가난뱅이는 다른 사람의 자원을 착취하는 데 항상 혈안이 돼 있다. 또한, 그는 자신에게 이득이 되는 일 이외에는 생각조차 하지 않는다. 한술 더 떠서 그는 자신의 실패를 회사 탓, 혹은 사회 탓으로 돌린다. 이런 사람의 주위에는 사람이 없고 한평생 가난을 벗어나지 못한다.

사람들은 부자를 우러러본다. 물론, 부자라고 해서 모두 멋지고 행복한 삶을 산다고는 말할 수 없다. 반대로, 가난하다고 해서 반드시 불행하다는 법도 없다.

이 책에서 나는 4가지 유형으로 인간을 분류했다. 이 작업을 통해 행복이나 불행을 결정하는 것은 돈이 아니라 '삶의 철학'과 '방향', 그리고 '삶의 방식'이라는 점을 전해주고 싶었기 때문이다. 인생을 불행의 나락으로 떨어뜨리는 가장 큰 주범은 바로 '탐욕'이라는 점도 이야기해주고 싶었다.

우리가 발을 딛고 살아가는 자본주의 사회는 탐욕에 기반을 두고 있다. 그런 터라, 때때로 세상은 마치 브레이크가 고장 난 기관차처럼 파멸을 향해 질주하는 것처럼 보인다. 이런 시대에 멋진 부자, 행복한 부자로 살아남으려면, 더 나아가 우리 공동체를 치명적인 위기

에 빠뜨리지 않으려면 우리 안의 탐욕을 지혜롭게 다스려야 하고, 탐욕의 시대와 작별을 고하는 연습을 해야 한다.

## 발상의 전환으로 '자기 자본력'을 강화하라

그렇다면 이제는 인생의 기둥을 이루는 '자기 자본', '금전 자본', '인간관계 자본'의 3가지 자본에 관해 얘기해보자.

첫째, '자기 자본'이다. 자기 자본이란 인생을 헤쳐 나가는 데 필요한 에너지와 힘과 열정을 지닌 주체로서의 자기 자신을 말한다. 자기 자본은 가장 기본적인 요소이자 전제조건으로, 이것이 없이는 아무것도 가능하지 않다.

"돈 버는 재주가 있는 사람은 무일푼이 되어도 몸뚱이라는 자산을 가지고 있다."

철학자 알랭(Alain)이 한 말인데, 내가 생각하는 '자기 자본'의 정의와 정확히 일치한다. 돈을 버는 힘, 자격과 학력, 개인의 매력, 기술과 커리어 등이 모두 여기에 포함된다.

'자기 자본'의 핵심에는 다른 사람과 소통하는 힘, 즉 커뮤니케이션 능력이 자리하고 있다. 이는 인맥을 만드는 능력이며, 필요할 때는 언제라도 다른 사람에게 도움받을 수 있는 힘이다. 커뮤니케이션

능력과 소통력은 아날로그적 성격을 지니고 있지만, 아날로그 시대보다 디지털 시대에 오히려 더 큰 강점과 영향력을 발휘할 수 있다. 이 능력과 노하우를 가진 사람은 다른 2가지 자본, 즉 '금전 자본'과 '인간관계 자본'도 풍부할 가능성이 높다.

인간의 능력과 비교해 전혀 뒤지지 않는 능력을 갖춘 로봇이 탄생하는 최첨단 시대를 우리는 살고 있다. 그런 터라, 로봇에게 자리를 내주고 밀려나지 않으려면 어떻게 해야 할지를 진지하게 묻는 사람이 많아졌다.

"인공지능의 눈부신 발달로 오늘날 일상에서 이루어지는 대부분 업무를 로봇이 대신하게 될 것이다."

구글의 창업자이자 공동 CEO 중 한 사람인 래리 페이지(Larry Page)의 예견이다. 그는 다음과 같은 예언도 한 바 있다.

"머지않은 미래에 10명 중 9명은 지금과 다른 일을 하게 될 것입니다."

다소 과격해 보이는 그의 예언은 많은 사람에게 충격을 안겨주었다.

"컴퓨터가 많은 일을 대신하게 될 것입니다. 이는 우리의 노동관에 일대 변화를 일으킬 것입니다. 여러분은 제가 제시한 미래가 마음에 들지 않을 수도 있겠지만, 머지않아 반드시 우리 현실에서 일어날 일입니다."

래리 페이지의 말처럼, 오늘날 로봇은 놀라운 속도로 진화에 진화를 거듭하고 있다. 인간과 컴퓨터가 장기 대결을 펼치는 전왕전(電王戰)에서는 2년 연속 장기 기사가 패했다(전 세계를 떠들썩하게 했던 한국의 프로바둑기사 이세돌과 알파고의 대결이 이 책에 언급되지 않은 것은 그 역사적인 대결이 벌어진 날이 2016년 3월 13일로, 일본에서 이 책이 출간된 날인 2015년 11월 23일보다 뒤의 일이기 때문이다.—옮긴이). 또한, 지금으로부터 30여 년 뒤인 2045년이 되면 인공지능이 인간 지능을 넘어설 것이라는 예측도 나온 바 있다. 이를 '2045년 문제'라고 부른다.

나는 충실한 '자기 자본'을 갖춘 사람은 결코 로봇에 뒤처지지 않을 것이라고 확신한다. 로봇 기술이 제아무리 발달하고 뛰어난 능력으로 무장한 로봇이 생산된다 해도 말이다. 왜냐하면, '자기 자본'은 로봇의 특기인 매뉴얼과 스킬, 테크닉을 단숨에 넘어서기 때문이다. 예를 들어 예의범절과 소통능력, 다른 사람을 교육하는 능력도 인적 자원인 자기 자본에 속한다.

높은 스트레스 내성도 '자기 자본'의 하나다. 이는 아무리 불우한 환경에 처한다 해도 절대로 포기하지 않는 끈기와 근성을 말한다. 스트레스 상황에 조용히 대처하며 차근차근 기회를 만들어나가는 끈기와 의지, 행동력은 로봇이 가진 뛰어난 계산력과 암기력만으로는 감히 따라잡을 수 없는 인간 고유의 능력이다.

'자기 자본'을 평소에 단련해두면 설령 로봇이 인간 능력을 대체하

는 시대가 온다 해도 유능한 인간으로 살아남을 수 있다.

'자기 자본'에는 발상력과 사고방식도 포함된다. 앞으로의 세상에서 제대로 된 경쟁력을 갖추려면 발상을 획기적으로 전환해야 한다. 자신이 가진 거라고는 몸뚱이 하나밖에 없다는 소극적이고 부정적인 사고방식에서 과감히 벗어나야 한다. 어떤 상황에서도 자신을 긍정적으로 바라볼 수 있어야 한다. 그런 사람만이 자기 공간을 확보할 수 있고 경쟁에서 우위를 점할 수 있다.

지인 중에 세무사로 일하는 젊은 친구가 하나 있다. 세무사에게 세무사 자격증과 커리어는 대표적 '자기 자본'이다. 세무사의 현재 처지와 미래 전망은 어떨까? 지금 기준으로, 세무사는 나름대로 잘나가는 직업이다. 이제까지 세무사는 전문직으로 인정받으며 고소득을 올릴 수 있는, 누구나 선망하는 직업이었다. 그러나 좀 더 장기적인 관점에서 보자면 세무사는 그다지 매력적인 직업이 아니며, 미래에도 지금처럼 안정적으로 돈을 벌어 먹고살 수 있는 직업이 아니라고 말할 수 있다. 높은 수입이 보장된 전문직 종사자라는 일종의 '근거 없는 자신감'을 버려야 하며, 생각의 울타리에서 벗어나야 한다.

이 책의 마지막 장에서 좀 더 자세히 소개하겠지만, 앞으로 생산연령 인구가 급격히 줄어들 것이다. 그렇게 되면, 필연적으로 우리 사회는 점점 더 활력을 잃어가게 될 가능성이 크다. 기업 수도 당연

히 눈에 띄게 줄어들 것이다. 반면, 세무사 자격증을 가진 사람은 매년 끊임없이 늘어나는 추세다. 게다가 회계 소프트웨어가 진화하면서 세무 처리 업무 자체가 쉬워져서 굳이 세무사에게 일을 맡길 필요가 적어지는 것도 중요한 이유 중 하나다.

이런 잔혹한 현실은 세무사만의 문제가 아니다. 변호사나 노무사도 이 점에서는 거의 차이가 없다. 지금까지 지속해서 호황을 누리며 사람들에게 선망의 대상이 되었던 많은 전문 직종의 위상이 곤두박질치고 있는 것이 냉혹한 현실이다. 가장 큰 이유는 매년 수요보다 공급이 많아져서 지나친 경쟁이 유발되기 때문이다. 의사 또한 예외가 아니어서 지역에 따라서는 수요보다 공급이 많은 곳도 더러 있다.

로봇이나 저임금 외국인 근로자가 대체할 수 있는 직업은 전망이 없다고 볼 수 있다. 그런 일은 점점 수요가 줄어들게 될 것이다.

세상은 수요와 공급 법칙에 의해 가치가 정해진다. 수요보다 공급이 적어야 희소성이 생겨 몸값이 높아진다. 세무사 자격증과 경력만으로는 10년 후를 장담할 수 없다. 아무것도 하지 않은 채 손을 놓고 있다가는 입에 풀칠도 하기 어려운 처지가 될 수 있다.

세무사로 일하는 젊은 친구는 이러한 현실을 깨닫고 발상의 전환을 시도했다. 그는 단순한 세무 업무에서 손을 떼고(다른 직원에게 맡기고), 좀 더 전문성이 필요한 일로 업무 분야를 확장하고 특화했다. 금

융기관 쪽으로 발이 넓은 그 세무사는 자신의 '강점'을 최대한 살려서 자금 조달과 기업 회생 컨설팅 일을 시작했다. 그의 주요 고객은 요식업 분야의 경영자들이었다. 좀 더 구체적으로 운영자금이 부족해 쩔쩔매는 경영자나 점포를 확장하고 싶어도 자본이 부족해 실행에 옮기지 못하는 경영자 등이 그들이었다. 그 세무사는 어려움에 부닥친 요식업 경영자들의 입장에 서서 경영 컨설팅 업무를 진행하고, 필요한 경우 은행에 대출 업무를 적극적으로 알선해주기도 했다.

경영은 누구에게나 녹록한 일이 아니다. 요식업의 경비를 제하지 않은 명목 이익률은 50% 정도라 땅 짚고 헤엄치기 수준이라고 말하는 사람도 그 점에서는 예외가 아니다. 그런 데다 '물장사'나 '밥장사' 식으로 부르며 요식업 자체를 깎아내리는 분위기도 있어서 자금 수요가 발생해도 금융기관에서는 선뜻 돈을 빌려주려 하지 않는다.

그런 터라, 젊은 회계사 친구는 빈틈없이 경영 계획을 세우고 변제 계획을 세운 다음 본격적으로 은행과 교섭에 나선다. 그는 원래 회계사 출신이므로 숫자를 깔끔하게 다루는 데는 도가 텄다. 거의 불가능해 보이는 상황에서도 이리저리 수치를 주물러 10억 원 규모의 큰 자금을 융통하는 데 성공했다는 이야기도 이따금 들려왔다.

돈을 빌리는 방법조차 모르는 사람도 창업한다. 이런 사람들에게 젊은 세무사는 꼭 필요한 자금을 조달해준다. 상황을 고려하며 적절

히 경영 지도도 해준다. 세무 업무 대행은 말할 것도 없다. 고객인 경영자의 입장에서 세무 업무는 물론이고 경영 지도와 자금 조달까지 적극적으로 나서서 도와주며, 자신의 사업이 성공을 향해 달려갈 수 있도록 발 벗고 뛰어주는 이런 세무사를 좋아하지 않을 리 없다. 남들보다 일찍 자신이 하는 일의 본질을 통찰하고 소중한 깨달음을 얻은 그 젊은 세무사는 자격증과 전문직 직함에 편하게 기대어 살아가는 안일한 생활에서 일찌감치 발을 뺐다. 또한, 그는 자신의 강점을 최대한 활용하고 '자기 자본'에 막대한 부가가치를 창출함으로써 성공 가도를 달릴 수 있었다.

젊은 회계사의 사례에서 우리는 소중한 한 가지 이치를 더 배울 수 있다. 그것은 바로 미래에는 개인이나 기업이나 '문어발식 확장'으로는 살아남을 수 없다는 점이다. 그는 자금 조달과 기업 회생 분야를 능동적으로 개척하며, 기존의 틀에 박힌 세무 처리 업무에서 깔끔하게 손을 떼고 다른 사람에게 과감히 넘겼다.

그는 다른 세무사들처럼 이것저것 잡다한 일에 더는 손대지 않겠다고 결정했다. 그런 다음, 자신의 강점과 고객의 요구를 자세히 파악한 뒤 가장 핵심적인 한 가지 일에 깊이 파고들어 경쟁자들이 쉽게 따라올 수 없는 자기만의 강력한 전문분야로 만들기 위해 노력하고 또 노력했다.

젊은 세무사에게 배워라! 자기만이 가진 강점을 찾아내고, 그 강

점을 극대화하는 일에 집중하고 또 집중하라. 여러 잡다한 일에 열정과 에너지를 낭비하지 말고 가장 중요하고 핵심적인 일에 몰두하라. 자신의 부족한 부분을 팀워크를 활용하여 효과적으로 보완하며 업무의 완성도를 높여가라.

거품이 한창이던 시절, 내가 대학을 졸업한 뒤 신입사원으로 입사한 1부 상장기업인 보험회사에서는 영업도, 기획도, 사고 처리도 모두 한 사람이 처리했다. 그 시대에는 이 일도 저 일도 잘하는 '팔방미인'이 되어야 직장에서 살아남을 수 있었다. 그런 터라, 일본에서는 두루두루 전 과목에서 좋은 점수를 내는 '무난한 인재'를 양성하는 방향으로 교육이 이루어졌다.

그러나 지금은 '전문가의 시대'다. 일본의 가전산업이 무너진 이유가 무엇인지 아는가? 여러 이유가 있겠지만, 가장 큰 이유는 이것저것 잡다한 기능이 너무 많았기 때문이다. 반면, 21세기 디지털 산업을 선도하는 글로벌 기업 애플은 불필요한 것을 모두 없애거나 줄이고 꼭 필요한 최소한의 기능만 갖추고 있다.

급격히 변화해가는 이 시대에 살아남으려면 잡다한 가지를 쳐낼 줄 알아야 한다. 불필요한 부분을 깔끔하게 정리하고 과감히 버려야 한다. 강점만 살리고, 부가가치를 창출할 수 있는 부분에 끝도 없이 집중하며 실력을 갈고닦아야 한다. 내가 아는 몇몇 우량기업들은 자기 강점을 무기 삼아 매력적인 브랜드로 만들어 치열한 경쟁이 벌어

지는 세계 시장에서 값진 승리를 거두었다.

최근 몇 년간 기업의 가치는 극적으로 변화했다. 공장조차 소유하고 있지 않은 구글이나 애플 등의 기업이 세계 시가총액 최상위 순위를 줄줄이 차지하는 현실이다. 여기에 더해, '자기 자본'의 양상도 획기적으로 변화하고 있다. 좀 더 구체적으로 말해, 부가가치가 점점 더 중요해지고 소프트웨어의 역할도 커지는 방향으로 나아간다.

이런 시대에 개인은 어떻게 경쟁력을 갖춰가야 할까? 우선, 자신만의 '자기 자본'을 정확히 파악하고 그 자본을 확대하고 강화하는 방향으로 내실 있게 실력을 갈고닦아야 한다.

## 금전 자본력을 키우려면 '목적 중심 사고'로 생각 패러다임을 바꿔라

'금전 자본'은 단순하다. 이 책의 제1장 내용을 잘 읽어보면 누구나 돈의 정체를 정확히 파악하게 될 것이다. 돈을 모으는 방정식은 한 가지밖에 없다. 그것은 다음과 같다.

자산 형성 = (수입 − 지출) + (자산 ×운용 이율)

일단, 수입을 꾸준히 늘리고 지출을 지속해서 줄인다. 그 과정에 발생한 잉여 자금을 가장 이율이 높은 방식으로 운용한다. 그렇게 함으로써 이익을 높이고 수익을 창출한다. 이 과정을 쉬지 않고 반복한다. 그러다 보면, 차츰 돈이 모이기 시작하고 눈덩이처럼 점점 불어난다.

지루한 과정을 되풀이해야 하지만, 이것이 돈을 모으는 가장 확실한 방법이다. 아무리 큰 부자도 기본적으로 이 방법을 통해 돈을 모았다.

이것은 처음부터 끝까지 스스로 통제할 방법이므로 적극적으로 추천한다. 수입도 지출도 자유롭게 조절하고, 자금 운용도 통제할 수 있어야 한다.

부자들은 자신이 관리할 수 없는 영역에는 절대로 손을 대지 않는다. 그것이 돈을 모으는 길이기는커녕 자칫 몽땅 잃어버리기 쉬운 길임을 경험칙상, 혹은 본능적으로 알기 때문이다. 부자들에게 배울 필요가 있다. 그들이 하는 방식으로 돈을 불려 나가는 방법이 가장 안전하다.

얼마나 많은 수입을 얻느냐는 중요하지만 가장 중요한 문제는 아니다. 수입이 같은 사람이라도 지출을 줄이는 노력을 하고, 자산을 현명하게 관리하고 운용하면 미래 자산가치가 완전히 달라질 수 있기 때문이다.

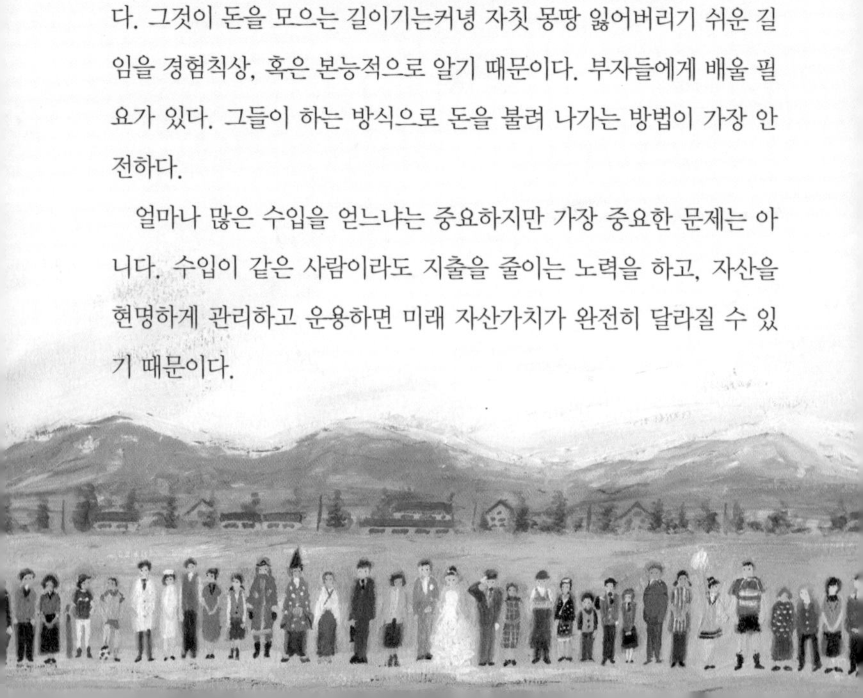

지출에서 매우 큰 비중을 차지하는 부분은 바로 세금이다. 그러므로 직장인이라도 아내를 사장으로 세우거나, 혹은 자신이 사장이 되어 개인 사업체를 운영하는 등의 효과적인 절세 방법을 적극적으로 고려해보아야 한다.

돈을 모으는 방법은 절대로 복잡하거나 어렵지 않다. 본질을 통찰하고 핵심만 놓치지 않으면 의외로 단순하고 쉽다. 그런데도 세상 사람들은 그 단순한 방법에는 눈길도 주지 않고 한탕만 노린다. 주식에 빠지거나 외환 투자 등으로 한몫 잡으려는 생각에 몸과 마음이 온통 쏠려 있다. 자본주의 세상이라 주식이나 외환 투자로 돈을 벌 가능성도 물론 존재한다. 그러나 그런 방법으로 성공했다는 이야기는 별로 들어보지 못했다.

그렇다고 해서 내가 주식에 전혀 손을 대지 않는 건 아니다. 사실 소액이지만, 꾸준히 주식에 투자하고 있다. 그러나 주식 투자라고는 해도 세미나에서 이야깃거리로 삼기 위해, 말 그대로 적은 금액만을 투자하는 수준이다. 전문가의 조언에 따라 올해의 추천 종목을 10주가량, 금액으로는 200만 원 정도를 투자해 주식을 구매한다. 워낙 유명한 전문가라 얼마나 오를지 지켜볼 심산으로 시험 삼아 주식을 사긴 했는데, 지금까지 승률은 4승 6패다.

연말에 어떤 결과가 나올지는 짐작할 수도 예측할 수도 없지만, 주식은 개인의 의지로 통제할 수 없는 세계라는 사실만은 똑똑히 인식

하고 있다.

분명한 것은 돈을 불리거나 모으는 방향으로 주식이 움직이지 않는다는 점이다. 그런데도 일반인들은 지루한 방법이라며 가장 확실한 방법을 멀리하고 한탕주의에 빠져 있다. 게다가 사람들은 점점 더 테크닉에 집착하고 열광한다. '이것이 돈 버는 최고의 비법'이라는 식의 온갖 뜬소문이 난무한다.

자산관리사들은 하루 24시간 돈 버는 테크닉을 생각하는 사람들이다. 그런 터라, 실제로 효과가 있는 다양한 방법을 아는 경우도 있다. 솔직히 말해, 나는 자칭 자산관리사라는 사람들이 항상 못마땅하다. 돈 버는 테크닉을 운운하기 전에 고객의 인생 계획을 정확히 알아야 하기 때문이다. 자신의 고객이 얼마나 많은 돈을 모으고 싶어 하며 왜 모으고 싶어 하는지, 또 모은 돈을 무엇을 위해 구체적으로 어떻게 쓸지를 깨우치게 하는 것이 무엇보다 중요하기 때문이다.

미래를 꿰뚫어 보는 '목적 중심의 사고'가 중요하다. 돈에 관해서라면 눈앞의 푼돈에 얽매이는 '수단 중심의 사고'가 아닌 미래의 삶의 방식을 내다볼 수 있는 혜안이 필요하다. 그 혜안은 바로 '목적 중심의 사고'에서 나온다.

10억 원 정도는 모으고 싶다는 사람에게 내가 물었다. "도대체 당신은 어떤 인생 계획을 세워놓았기에 10억 원이나 필요하냐"라고. 내 질문에 그는 우물쭈물하며 명확한 대답을 내놓지 못했다.

분명한 목적 없이 무작정 돈을 모으고 싶어 하는 사람에게 내가 조언해주고 싶은 말은 이것이다.

'재정 계획을 세우기 전에 인생 계획부터 세워라.'

누구와 어디서 어떻게 생활할지, 인생을 어떻게 살아갈지를 돈보다 먼저 생각해야 한다.

자신이 원하는 방식으로 살기 위해 10억 원이나 되는 돈을 모아야 할 필요가 있는지 곰곰이 고민하고 꼼꼼히 따져볼 필요가 있다. 목표액을 모으는 일을 달성한 뒤 빈둥빈둥 놀며 지낼 생각이라면 10억 원 정도는 필요하다고 생각할 수도 있겠다. 그러나 아무런 생산적인 일도 보람 있는 일도 하지 않으면서 빈둥빈둥 노는 삶이 과연 행복할까? 돈을 모으는 일과는 상관없이 몸을 움직일 수 있는 동안에는 일하는 게 좋다. 몸과 마음의 건강을 유지하기 위해서도 그렇고, 풍요로운 삶을 위해서도 그렇다. 게다가 몸을 움직여 부지런히 일하면 치매 예방에도 도움이 된다. 관점을 바꾸면, 일은 인간에게 주어지는 '형벌'이 아니라 '축복'이 된다.

아무튼, 몸을 움직일 수 있는 한 일을 한다면 많고 적음의 차이는 있겠지만 일정하게 수입은 생길 것이다. 그러므로 단시간에 엄청나게 많은 돈을 모아야 한다는 강박관념에서 조금은 벗어날 필요가 있다. 우리의 인생은 100미터 달리기보다는 42.195킬로미터 마라톤 경기에 더 가깝기 때문이다. 호흡 조절이 필요하고 '현미경'이 아닌

'망원경'적인 시야가 필요한 것도 그래서다.

그렇게 망원경적인, 혹은 마라톤적인 시야로 인생을 보며 평생 일한다는 전제로 생각할 때 무엇을 위해 얼마의 돈을 모아야 할지 구체적으로 생각해보아야 한다. 이를 악물고 손톱 밑이 다 닳도록 악착같이 돈을 모아야 할지 진지하게 고민해보아야 한다.

다시 한번 말하지만, 눈을 감는 인생의 마지막 순간까지 일할 수 있다면 당신이 생각하는 것만큼 많은 돈이 필요하지 않을 수도 있다. 사실, 저축액이 0원이라도 상관없다. 궁극적으로 자신의 인생에서 가장 절실하게 필요한 것이 돈인가 건강인가라는 화두가 당신에게 남는다. 당신은 둘 중 무엇을 선택하겠는가?

무엇이 중한지를 모르는 사람은 돈에 얽매인 삶을 살게 될 수밖에 없다. 『성공하는 사람들의 7가지 습관』 등의 책으로 유명한 미국의 저명한 작가이자 경영 컨설턴트인 스티븐 코비(Stephen Covey) 박사는 이런 말을 남겼다.

"돈을 중시하는 사고방식의 한계는 인간관계 등의 중요한 문제에 직면했을 때 분명하게 알 수 있다."

나는 지금 하는 사업에 실패한다면 고향인 구마모토현 아마구사로 돌아갈 생각이다.

워낙 외진 섬이라 아직도 물물교환이 이루어지는 곳이다. 바다에서 잡은 물고기를 밭에서 재배한 싱싱한 채소와 교환할 수 있다. 집세도 거의 들지 않는다. 고향 섬으로 돌아가서 생활한다면 돈 걱정은 접어두어도 좋은 셈이다.

## 돈을 향한 비뚤어진 사랑이 만 가지 악의 근원이다

사람들은 왜 돈을 모으려 안간힘을 쓸까? 한마디로 말해, '쓰기' 위해서다. 한데, 돈을 쓰는 목적이 분명하지 않은 사람이 너무 많다. 그런 사람일수록 무작정 돈을 모으고 눈덩이처럼 불리는 일에만 끊임없이 집착한다.

"그 돈을 써서 도대체 무엇을 얻으려 하는가?"

심리 카운슬러인 고코로야 진노스케의 질문이다.

"당신이 정말로 원하는 것은 돈이 아닌, 돈이 많을 때의 안정감이다."

질문에 이어지는 진노스케의 말이다.

돈이 있으면 어느 정도 '선택의 자유'가 생긴다. 하고 싶은 일도 하며 살 수 있다. 자신이 하고 싶은 일을 자유롭게 선택할 수 있고, 그

일을 마음껏 하며 산다면 그만큼 기쁨이 커지고 저절로 행복이 찾아올 것이다. 궁극적으로 그런 기쁨과 행복을 얻기 위해 사람들은 악착같이 돈을 모으려는 게 아닐까?

그러나 사람들은 그저 돈을 모으고 눈덩이처럼 불리는 일에만 혈안이 되어 돈에 얽매인 채 쪼들리며 살아간다. 고코로야는 인생의 기준을 '돈'에 맞추어놓고 살면 두려움과 불안에서 벗어나게 될 수 없다고 말한다.

"늘 돈을 계산하며 살아야 하기 때문입니다. 돈에 집착하고 돈이 없어질지 모른다는 불안과 두려움에 시달리며 살아가야 합니다."

—『평생 돈에 구애받지 않는 법』 중에서

돈에 집착하는 생활은 인생을 '금전 자본'에만 기대어 살아가게 한다. 비빌 언덕이 한 곳뿐인 사람은 망가지기 쉽다. 쓸데없는 욕심이 생겨나 점점 커지다가 어느 날 '차입투자(Leverage)'라는 이름으로 빚을 내 자산을 늘려보겠다는 엉뚱한 일을 벌이기도 한다. 신용거래로 본전의 몇 배를 투자하는 위험하고 무모한 투자에 나서게 될 수도 있다.

"만 가지 악의 근원은 돈 자체가 아니라 돈을 향한 비뚤어진 사랑이다."

새뮤얼 스마일스(Samuel Smiles)의 명언이다. 오만하게도, 사람들은 돈만 있으면 자신의 인생이 원하는 방향으로 술술 풀릴 거라고 착각한다. 이는 참으로 어리석은 생각이 아닐 수 없다. 맹목적으로 돈에 집착하다 보면 인생의 균형이 한순간에 무너질 수도 있다. 다른 사람을 믿지 못하게 되고, 머릿속이 그들을 이용하고 속이고 부려먹을 생각으로 가득 차 있게 된다. 돈은 특정한 목적으로 '쓰이기' 위해 탄생하고 또 존재한다.

"돈을 현명하게 사용하는 것은 돈을 버는 것보다 어렵다."

15년 넘게 세계 최고 부자의 타이틀을 거머쥔 빌 게이츠의 말이다. 그는 많은 돈을 벌어들이면서도 그 과정에 단 한 번도 돈의 '쓰임새'를 잊지 않았다고 한다. 오늘날 그가 '진정한 부자', '깨끗한 부자'로 존경받을 수 있는 것도 그런 이유에서다. 그러나 돈의 쓰임새를 진지하게 생각해보지 않은 채 무작정 돈 버는 일에만 몰두하는 사람이 너무 많다.

"부자가 돈을 어떻게 쓰는지 알 때까지 그 사람을 칭찬해서는 안 된다."

소크라테스의 말이다. 부자라는 사실만으로는 사회적으로 보잘것

없는 존재에 지나지 않는다. 내가 아는 사람 중에 부자가 많다. 그들의 스타일과 면면은 그야말로 각양각색이다.

여기서 나는 그중 '불행한 부자'에 대해 소개하려고 한다.

사업에서 성공하고 은퇴한 어느 경영자가 아흔 살을 넘어 입원 생활을 하게 되었다. 그의 유일한 소일거리는 매일 통장 잔액을 확인하는 것으로, 자신이 가진 것을 확인하는 일을 낙으로 삼으며 살았다. 이따금 증권회사 영업사원이 그를 찾아와서 외국채권 투자를 권유하곤 했지만 그때마다 단호히 거부했다. 그는 몇십 억 원이나 되는 재산을 소유했으나 가족과 대화하기보다 통장 잔액을 확인하는 일이 훨씬 행복하다는 표정이었다. 그는 돈을 모을 줄만 알았지 쓸 줄은 모르는 지독한 구두쇠였다. 안타깝게도, 그가 세상을 뜨기 무섭게 남은 가족들은 그가 남긴 돈을 두고 아귀다툼을 벌였다.

그는 돈을 많이 버는 방법을 알았는지는 모르지만, 그 돈을 지혜롭게 사용하는 방법은 몰랐다. 또, 그는 진정 행복해지는 비결이 돈이 아닌 다른 것에 있다는 사실도 죽을 때까지 알지 못했다. 그의 인생이 행복하지도 않고 남들에게 존경받지도 못한 이유가 바로 거기에 있다.

위에서 언급한 내용은 유산을 둘러싼 전형적인 상속 분쟁으로, 이런 추악한 다툼이 갈수록 늘어나는 추세다. 돈은 '필요악'이다. 자본주의 사회에서 돈 없이 살기는 어렵지만, 돈에 지나치게 연연하는 삶

은 자칫 인생을 오히려 나락으로 떨어뜨리고 망가뜨리기 십상이다. 돈이 아무리 많아도 그 돈을 무덤에까지 싸 들고 갈 수는 없는 노릇이다.

앤드루 카네기는 이런 말을 남겼다.

"돈이 인간을 추락시키는 게 아니다. 악착같이 돈을 벌고 모으려는 태도가 인간을 추락시킨다."

돈을 쓰지 않는 사람의 공통점은 '친구가 없다'는 점이다. 세간에 잘 알려진 성공한 기업가 중에도 돈을 움켜쥐기만 하고 좀처럼 쓰지 않는다고 소문난 사람이 적지 않다. 그런 사람은 돈을 사랑할 뿐 사람은 사랑하지 않는다. 내 생각에, 그런 사람들은 아마도 자기 자신조차 사랑하지 않을 것이다. 오로지 돈만 좇고 돈만 사랑할 뿐이다.

다행히도, 나와 친분이 있는 기업가 중에는 친구를 좋아하고 꼭 필요할 때 돈도 호탕하게 쓸 줄 아는 사람이 많다. 그들이 다른 사람을 위해 돈을 쓸 때 그 얼굴을 보면 무척 즐거워 보이고 행복해 보인다. 그들은 신나게 돈을 쓰며 인생을 행복하게 살아가는 것 같다. 그들은 돈이란 즐겁게 쓰기 위해 버는 것이라는 사실을 잘 알고 있는 듯하다. 그러므로 돈을 벌 때만이 아니라 쓸 때조차 그들의 얼굴에는 행복한 웃음이 넘쳐난다.

그러나 원한다고 누구나 부자가 될 수 있는 건 아니다. 더욱이 직장인은 '유리지갑'이라는 말처럼 수입도 지출도 한정되어 있다. 지금까지 강조했듯이, 돈의 쓰임새가 명확하지 않은데 무턱대고 돈을 벌고 모으려는 태도는 인생을 나락으로 떨어지게 만드는 자충수가 될 수 있다.

건강하기만 하다면 인생을 사는 데 있어서 그리 많은 돈이 필요하지는 않다. 돈은 인생의 필요조건에 지나지 않는다. 한 푼도 저축하지 못하는 가구가 30%에 달하는 이 시대는 밑바닥까지 떨어진 정치 수준을 적나라하게 보여준다. 정치도 경제도 빈곤하다. 행동에 나서서 한 푼도 저축하지 못하는 가구를 30%나 만들어낸 사회구조를 개혁해야 한다.

돈을 버는 일보다 중요한 것은 돈에 대한 관점이다. 생각을 바꾸면 지나치게 허리띠를 졸라매며 아등바등 저축할 필요가 없다는 생각이 들 수도 있다. 적잖이 나이를 먹었지만 여전히 몸이 건강하고, 믿을 만한 친구가 있고, 사랑하는 가족이 있다. 이루고 싶은 목표가 있어 날마다 열심히 노력한다. 돈이 많이 들지 않는 취미도 가지고 있다. 이런 삶이라면 조바심을 내지 않고 느긋하게 기회를 기다리겠다는 삶의 방식을 택할 수도 있다. 즉, 돈에 얽매여 돈을 벌고 싶다는 욕망이 강해질수록 그 사람이 본래 지닌 긍정적인 기운이나 낙관적인 자세를 잃어버리는 셈이다.

돈의 노예가 되어서는 안 된다. 돈보다 건강이 더 중요하고 삶의 방향과 방식이 더 중요하다. 자기 자신만 위하는 삶이 아니라 다른 사람을 사랑할 줄 아는 사람으로서 인생을 사는 것이 중요하다. 이러한 인생의 기본과 행복의 원리를 잊은 채 돈만 좇으며 살아간다면 그 인생은 불행해질 수밖에 없다. 항상 이 기본을 명심하고 지키며 살려고 노력하기 바란다.

## '인간관계 자본력' 없이 성공은 없다

이어서 '인간관계 자본'을 살펴보자. 인간관계 자본이란 서로 돕고 도움받으며, 서로를 이해하고 감싸주며, 좋은 협력관계를 유지하며 인생의 버팀목이 되어주는 인적 자산을 말한다. 가까운 사람들, 가족과 친구, 파트너 등과의 인간관계가 여기에 해당한다. 가족과 친구, 파트너 등 이른바 게마인샤프트(Gemeinschaft, 공동사회. 독일의 사회학자 F. 퇴니스가 '이익사회'를 뜻하는 게젤샤프트(Geselshaft)와 반대되는 개념으로 사용한 용어—옮긴이)로 인간관계의 기본이 된다.

나는 인간관계가 인생에서 가장 중요한 자본 중 하나라고 생각한다. 인간관계는 우리에게 용기와 안정감, 삶에 대한 희망 등의 긍정적인 감정과 기운을 불어 넣어주기 때문이다. 게마인샤프트와 반대

되는 개념인 '게젤샤프트'에서조차 사람이 왕성하게 활동하며 돈을 벌기 위해서는 끈끈한 '인연'으로 맺어진 사람들과 그들 사이의 원활한 인간관계가 뒷받침되어야만 한다는 것을 알 수 있다. 즉, 형식적인 인간관계가 아닌 끈끈한 정과 인연으로 이어진 좋은 관계가 전제되지 않으면 제대로 된 정보를 얻을 수도 없고 사업에 성공하기도 어렵다는 의미다.

일반사회의 인간관계는 서로의 태도가 친밀하면 친밀할수록 게마인샤프트에 가까워지며 '인간관계 자본'이 탄탄해진다. 그런데 요즘 젊은 세대 중에는 이러한 인간관계 자본에 대해 잘못된 생각을 하는 사람이 많다. 기성세대의 지긋지긋한 잔소리라고 생각하지 말고 따끔한 지적으로 받아들이기 바란다.

요즘 젊은이들은 다른 사람과 교류할 때 적극적으로 불평불만을 공유하고 서로 상처를 핥아주는 관계를 깊은 관계라고 오해하는 경향이 있다. 타인과 불평불만을 공유하거나 서로 상처를 핥아주는 세계는 지극히 폐쇄적인 허상의 세계로, 성장 가능성이 전혀 없는 닫힌 공간이다.

야구 경기에 비유하자면, 1회에 패배하고 우왕좌왕하는 팀을 예로 들 수 있다. 그들은 자기 팀 선수가 삼진아웃을 당해도, 충분히 칠 수 있는 공을 놓쳐도, 수비 실수를 해도 '괜찮아!'를 외칠 뿐이다. '괜찮아!', '괜찮아!'를 연호하며 아무 일도 일어나지 않았다는 듯 태연함을 가장한다.

그들이 사는 세계는 '닫힌 세계'다. 그들은 현실을 애써 외면하고, 마치 각자가 가진 상처가 애초에 존재하지도 않았던 것처럼 서로를 속이고 가장한다. 그러나 그래서는 경기에 이길 수도 강팀이 될 수도 없다. 상대방에게 허심탄회하게 자신의 감정을 털어놓을 수 있어야 하고 힘껏 도와야 한다. 그래야 경기에서 승리할 수 있고 강한 팀이 될 수 있다.

건실한 '인간관계 자본'의 기본은 상부상조다. 상부상조란 다수의 사람이 각자 자신이 지닌 강점을 살려 상대방의 약점과 부족한 부분을 채워주고, 반대로 자신의 약점과 부족한 부분을 다른 사람의 힘으로 보완하며 성장하고 발전해가는 관계다. 한마디로 말해, '서로 가치를 교환하는 관계'라고 할 수 있다.

'인간관계 자본'이 풍요로운 사람이 경쟁력이 뛰어나고 강할 수밖에 없는 것은 그런 이유에서다. 그런 사람은 다른 사람들과 자신의 가치를 적극적으로 나누고 교환하며 발전하고 또 발전시켜주기 때문이다.

나는 베스트셀러가 된 『1년에 10억 버는 사람들의 사고』를 출간하기 전에, eliesbook 컨설팅이 주최하는 10년을 사랑받는 베스트셀러 작가 양성 코스'에 다녔다. 그러나 그 강좌를 듣고 소기의 목적을 달성해 책을 출간한 사람은 '서로를 발전시켜 주는 인간관계 자본'을

갖고 있었던 사람들이다.

서로서로 성장하도록 돕고 발전시켜주려면 '괜찮아'라는 가식적인 위로 대신 '정신 차려!'라고 따끔하게 충고해주는 진실한 관계가 기본이 되어야 한다. 자신의 성공 체험과 방법을 공유하는 것은 우리의 일상이었고, 책을 낸 사람은 자신이 책을 낸 출판사를 서로 소개해주기도 했다.

정보와 가치를 서로 교환하고 상대방을 발전시켜주는 관계가 '인간관계 자본'이 될 수 있다.

## 자신의 강점을 파악하고 함께 성장해가라

앞서 설명한 3가지 자본, 즉 '자기 자본', '금전 자본', '인간관계 자본'의 적절한 균형을 유지하면 좀 더 나은 인생을 살 수 있다. 3가지 자본이야말로 이토록 잔혹한 사회에서 살아남는 데 필요한 힘을 길러준다.

나름대로 사회 경험을 쌓은 자산관리사의 처지에서 보면, 일본이라는 잔혹한 나라에서 살아가야 한다는 현실에 울분을 토하거나 분노하게 된다. 그러다 문득 가슴속에 하나의 메시지와 방법이 떠올랐다. '서로를 발전시켜주자. 나의 강점으로 다른 사람의 약점과 모자

란 부분을 채워주자.'

거듭해서 강조하지만, 자신의 가치를 기꺼이 제공하여 다른 사람을 도와주어야 한다. 서로 도우며 각자의 생활에서 부족한 부분을 메워주어야 한다. 그러한 노력들이 현실에서 '돈'을 벌 기회로 이어진다.

조금 다르게 표현하면, 자신의 강점이라는 '자기 자본'을 축으로 삼아 발전을 공유하고 상부상조함으로써 더욱 내실을 다질 수 있고 좀 더 강해질 수 있다. 또한, 때에 따라서는 '금전 자본'이라는 목적지에 도달할 수도 있다.

내가 사람들에게 다른 사람을 적극적으로 돕기 위해 노력하라고 조언하면 시큰둥한 반응을 보이는 경우가 많다. 그러면서 그들은 다음과 같이 말한다.

"다들 살만하잖아요. 도움이 필요한 사람을 찾는 게 오히려 더 힘들겠어요."

착각은 자유다. 그러나 분명한 것은 도움이 필요한 사람이 없다는 생각은 그야말로 착각에 지나지 않는다는 점이다. 도움의 손길이 필요한 사람이 없다고 생각하는 사람은 가슴에 손을 얹고 찬찬히 생각해보기 바란다. 살면서 한 번도 힘든 일을 겪지 않을 자신이 있는가를. 다른 사람의 도움이 필요한 상황에 맞닥뜨리지 않을 보장이 있는가를. 다른 사람의 도움 없이 완벽히 혼자서 살아갈 수 있는 사람은

많지 않다.

대다수 사람은 겉으로는 드러내지 않더라도 누군가에게 기대고 자신을 위해 도움의 손길을 내밀어줄 사람을 기다린다. 문제는 다른 사람의 약점, 그 사람에게 필요한 부분을 당신이 채워줄 수 있는가에 달려 있다.

이번 기회에 자신의 강점을 확실히 파악해두어야 한다. 어떤 일을 해서 다른 사람에게 보탬이 될 수 있을지, 힘이 되어줄 수 있을지를 명확히 알아야 한다. 당신이 생각하는 당신의 약점과 부족한 부분, 누군가가 채워주기를 바라는 부분은 무엇인가? 이를 2가지 측면에서 생각해볼 수 있다.

하나는 정신적 부분, 혹은 성격적인 부분이다. 또 하나는 능력적인 부분이다. 예를 들어, 성격상 정리·정돈이 서툴러 늘 방이 지저분하게 어질러져 있을 수도 있다. 직장생활을 하다 보면, 서류를 깔끔하게 정리하지 못해 애를 먹는 사람을 흔히 볼 수 있으니까. 또는 컴퓨터를 다루는 능력이 부족할 수도 있고, 인터넷 사용 능력이 상대적으로 떨어질 수도 있다. 그런 약점을 가진 사람은 우리 주위에 차고 넘친다.

반대로 정리·정돈에 자신이 있고, 인터넷을 자유자재로 다루는 사람이 있다고 치자. 이 플러스, 마이너스를 잘 맞추고 조화를 이루면 우리가 사는 세상은 좀 더 살만해지지 않을까! 게다가 운이 좋으면

경제적 이익, 즉 수입으로 이어질 수도 있다.

이 점을 어렵게 생각할 필요는 없다. 자산관리사의 눈으로 세상을 바라보려고 노력해보라. 그렇게 함으로써 뛰어난 잠재력을 가지고 있고 오랫동안 지속하는 사업은 그 사업이 '사회가 필요로 하는 재화와 서비스를 제공하고 있는가?'의 여부에 달려 있다는 사실을 깨닫게 될 것이다. 다시 말해, 사람들끼리 서로 도움을 주고받는 사업이나 다른 사람의 고민을 해결해주는 서비스 등은 꾸준히 높은 수요를 유지하여 오래갈 수 있다.

좀 더 이해하기 쉽도록 장단점을 연결하는 사업으로 큰 성공을 거둔 구체적인 사례를 살펴보자.

## 성공을 위한 스타트라인, 경청

동료 자산관리사 중에 3명의 직원을 두고 매년 10억 원 이상의 적지 않은 매출을 올리는 여성이 있다. 그녀는 자기 자신을 '병적으로 성실한 성격'으로 규정한다. 완벽하게 주변이 정리·정돈되어 있지 않으면 직성이 풀리지 않는다고도 말한다. 그녀는 자기 성격을 자신의 강점으로 인식하고 사업을 시작했다.

그녀의 고객은 대부분 의사다. 즉, 그녀는 의사를 전문으로 상대

하는 자산관리사다. 그녀는 왜 의사를 자신의 고객으로 삼았을까? 의사들은 대부분 경제적으로 넉넉한 편이다. 반면, 업무에 쫓겨 눈코 뜰 새 없이 바빠 자산관리라는 중요한 일에 시간을 내기 어렵다. 그녀는 그 점에 착안했다. 꼼꼼하고 깔끔하게 결과를 정리하는 능력에 감탄한 의사들은 앞다투어 동료 의사들을 소개했고, 그녀의 고객은 꾸준히 늘어났다.

여성이자 세무사로 일하는 지인 W 씨의 사례도 있다. 그녀는 서른다섯 살로, 회계사무소에서 일하며 아이가 생긴 걸 계기로 독립했다. 회계사무소에 근무할 당시 그녀의 급여는 300만 원 정도였다.

그런데 막상 독립하고 보니 거래처가 다섯 곳으로 줄어들었고, 수입은 70만 원으로 급감했다. 남편은 평범한 직장인이라 갑자기 가계 수입이 곤두박질치자 강한 불만을 토로했다고 한다. 그녀는 어찌할 바를 몰라서 내게 상담을 청해왔다.

내가 그녀에게 물었다.

"당신의 강점은 무엇입니까?"

"잘 모르겠어요."

많은 사람이 이 질문에 비슷하게 대답한다.

"그렇다면 고객에게 물어보십시오. '제가 다른 세무사보다 나은 점이 뭐냐'고."

그녀가 내 말대로 몇몇 고객에게 물었더니 한 가지 방향이 나왔다

고 한다. R 씨와 마찬가지로 '꼼꼼하다', '실수가 없다' 등의 대답이 돌아왔다고도 한다.

그녀의 애기를 듣고, 나는 순간적으로 다른 남성 세무사를 떠올렸다. 그는 W 씨와는 정반대로 영업 수완이 대단히 좋아 일을 척척 따오지만, 서류를 정리하는 데 워낙 서툴러 애를 먹었다. 게다가 지각도 잦다. 실수도 자주 한다. 그렇다면 그의 단점을 W 씨가 보완해줄 수 있지 않을까 하는 생각이 들었다.

해법은 간단하다. 두 사람이 손을 잡으면 간단히 해결될 문제다. 영업은 그가 맡아 일을 따오고, 들어온 일은 W 씨가 처리하고 고객을 담당한다. 수입은 50대 50으로 나누면 된다. 내 예상은 적중하여 두 사람은 큰 성공을 거두었다. 고객이 눈 깜짝할 사이에 2배로 늘었다고 한다.

나는 W 씨에게 한 가지 조언을 덧붙였다. 그의 강점인 '꼼꼼함'과 '정리 · 정돈 능력'을 의뢰인에게 처음부터 적극적으로 알리라고 권했다. 강점을 알리는 일은 곧바로 영업으로 직결되고, 결과적으로 정리 · 정돈 재주가 없고 덤벙거리며 자주 실수하는 칠칠치 못한 동료를 도와줄 수 있다.

W 씨의 사례를 통해 나는 '경청'의 중요성을 다시 한번 깨달았다. 자신의 강점은 '이러이러하다'라고 말할 수 있는 사람은 뜻밖에 많지 않다. 그러나 그것은 큰 문제가 아니다. 자신의 강점을 알지 못한다

면 주위 사람에게 물어보면 그만이다. 그러면 당신을 잘 아는 주위 사람들은 당신이 미처 깨닫지 못하는 당신의 강점과 특기를 친절하게 이야기해줄 것이다. 그러면 주위 사람의 피드백을 취합해 당신의 무기로 삼아 열심히 갈고 닦으면 된다.

그와 마찬가지로, 다른 사람의 부족한 부분도 경청을 통해 파악할 수 있다. 지금 '고객 모으기 컨설턴트'로 일거리를 찾는 I 군은 우리 회사 홈페이지 만드는 일을 했다. 일하는 모습을 유심히 살펴보니, 그는 전단 만드는 일이나 인터넷 관련 업무를 척척 처리했다. 다만, 단점이 있다면 일 마무리가 깔끔하지 못하다는 점이었다. 그가 한 단계 발전하기 위해서는 업무 방향과 스타일을 바꾸어야 했다. 그런데 그는 매일같이 얼굴을 마주하면서도 나와 변변한 대화조차 나누지 않았다.

다음의 내용은 그와 내가 대화를 나눈 내용이다.

"다른 사람의 말에 좀 더 적극적으로 귀를 기울여봐. 일이 들어올 때까지 기다리고 있지만 말고."

"어떻게 귀를 기울여야 하죠?"

"현재 귀사의 업무에서 개선하고 싶은 부분이 뭐냐고 물어봐. 그리고 인터넷으로 할 수 있는 일이라면 자네가 해결해주겠다고 제안해야지."

오지랖 넓게 남의 일에 이러쿵저러쿵 참견한다는 생각도 들었지

만, 일단 눈 딱 감고 조언했다. 그러자 I 군은 수줍게 배시시 웃으며 내가 했던 말을 앵무새처럼 그대로 반복했다.

그때 마침 우리 회사에는 고객 모으기 툴과 고객 관리 툴이 없었다. I 군에게 우리 회사 사정을 이야기하자, 그는 곧바로 작업에 착수했다. 나는 그에게 일을 맡기며 한 가지 중요한 조언을 덧붙였다. 그것은 바로 '값어치를 매기라'는 조언이었다. '제가 이 일을 하는 대신 이만한 값을 쳐주셔야 합니다'라고 분명하게 말해야 한다.

그는 예전에 어느 컨설턴트의 고객 모집 업무를 도와준 적이 있다고 했다. 한데, 인터넷을 활용해 고객을 모은다는 소기의 목적을 달성했지만, 보수를 받지 못해 자원봉사로 끝나고 말았다. '고객을 모으면 얼마를 주시겠습니까?'라고 일을 시작하기 전에 값을 정하지 않았기 때문이다. 게다가 한술 더 떠서 그 회사의 홈페이지까지 공짜로 만들어주었다고 한다. 무료 봉사가 반드시 나쁜 일은 아니지만, 상대방에게 가치를 매겨 교환할 힘이 있다면 제대로 그 대가를 받아야 한다.

어쨌든 강점을 살려 상대방의 부족한 부분을 채워주고 합당한 보수를 받는 일은 다른 사람의 이야기에 귀를 기울이는 일로부터 비롯된다. 누구에게나 걱정거리가 하나둘쯤은 있게 마련이다.

"도와드릴까요?"

누구에게나 스스럼없이 건넬 수 있는 질문이다. 그 한마디가 서로

를 발전시키고, 이토록 잔혹한 나라에서 살아남는 힘의 첫걸음이 되어줄 것이다.

## 가시밭길로 변한 엘리트 샐러리맨의 미래

마지막으로, 중요한 사실을 하나 더 당부하고 싶다. 시대는 점점 더 빠른 속도로 변해간다. 당연한 이치지만 눈을 부릅뜨고 살펴보지 않는 한 시대가 어떻게 변해갈지 알 수 없다.

가장 큰 변화는 장밋빛 인생이 보장되던 엘리트 샐러리맨의 앞날이 가시밭길로 변할 수도 있다는 점이다. 비단 엘리트 샐러리맨만이 아니라 회사원이라는 직업 자체가 예전만큼 좋은 일자리가 아닌 시대가 되고 말았다.

얼마 전까지만 해도 괜찮은 대학을 나와 대기업에 들어가면 만사형통이었다. 회사원은 안정된 직장에 다니는 데다 회사라는 울타리가 지켜주어 엘리트 행사하며 살 수 있었다. 그러나 지금은 상황이 달라졌다. 상장기업에 다니며 1억 원이 넘는 고액 연봉을 받는 직장인도 예외는 아니어서 예전과 비교하면 훨씬 팍팍해진 모양이다.

왜 잘나가는 직장인들은 괴로워할까? 값비싼 아파트, 최고급 승용차 등 남들이 부러워할 만한 것들은 모두 가지고 있지만, 늘 어딘

가에 매여 있는 몸이라 자유롭지 못하기 때문이다. 가족이 있고, 집이 있고, 자가용이 있지만 속내를 보면 아등바등 대출금을 갚으며 다람쥐 쳇바퀴 돌리듯 살아가야 한다. 사회적으로 성공한 엘리트로 대우받지만, 다른 사람과 경쟁하고 서로서로 비교하며 살아간다. 동료에게 지지 않으려고 끊임없이 발버둥 쳐야 하고, 남의 집 아이들보다 뒤처지지 않게 하려면 아이를 유명 사립학교에 입학시켜야 한다.

그들은 자신의 배경이 되어주는 번듯한 회사 덕분에 은행에서는 원하는 대로 척척 돈을 대출해준다. 하지만 빚은 빚이다. 언젠가는 갚아야 한다. 또한, 아무리 엘리트라고 해도 직장인은 직장인이다. 자영업자보다 세금도 사회 보험료 부담도 큰 편이다. 회사원 신분이 주는 장점이라는 단물은 이미 빠질 대로 빠져버렸다.

대기업에 다닌다고 안심할 수 있는 시대가 아니다. 세계적인 경기 악화로 도시바니 샤프니 하는 일본 최고 기업들이 쇠퇴하거나 무너지는 일이 자주 일어난다. 또한, CEO의 잘못된 경영 판단과 전략으로 대량 정리해고 사태가 빚어지는 일도 다반사다.

10~20년 후의 수입을 보장할 수 없는 사회에서 '주택 대출금과 학자금 대출'이라는 부채를 안고 살아가야 하는 생활은 위험부담이 매우 크다. 오늘날 직장인들은 대부분 예전처럼 매력적인 요소를 가지고 있지 못하다.

직장인의 고달픈 삶은 '소유에 대한 집착'에서 비롯된다. 사람들은

소유는 좋은 것이며, 무엇이든 내 것으로 만들어야 한다는 통념에 얽매여 제 손으로 자기 목에 멍에를 씌워 괴로움을 자초하는 셈이다.

## 소유에 대한 욕망을 버려야 진짜 경쟁력을 얻을 수 있다

시대가 변하면서 소유의 개념도 달라졌다. 자산관리사의 처지에서 성공한 사람이나 부자의 유형이 예전과 확연히 달라졌다는 걸 실감하고 있다. 5년이나 10년 전까지만 해도 많은 재물을 가진 사람이 부자의 대표적인 유형이었다. 그들은 호화 저택과 별장, 고급승용차와 회사를 소유했다. 회사에는 직원이 있다. 소유에 소유를 더해 성공한 사람이 만들어졌다. 그러나 지금은 소유하지 않는, 홀가분한 사람이 성공하고 부자가 되는 시대다. 부자의 유형이 획기적으로 변화하고 있다.

내 지인 중에 두바이에 둥지를 틀고 일하는 S 씨의 경우도 마찬가지다. 그는 자기 명의로 된 집도 회사도 소유하지 않는다(회사를 세우고도 이내 매각한다). 그러니 당연히 직원도 없다. 늘 홀가분하다.

젊은 지인인 Y 군의 경우도 그런 사례에 포함된다. 스물여덟 살인 그는 비즈니스 프로듀서로 일하지만, 직원은 1명도 고용하지 않는다. 데이터 처리는 재택근무를 하는 여성에게 맡긴다. 회사는 컴퓨터를 올려놓은 책상이 전부다. 아무것도 소유하지 않기에 빚도 없다.

창업 2년차지만, 이미 연 매출 50억 원을 넘어섰다.

그렇다면 그는 어떻게 자신의 사업을 성공으로 이끌었을까? 방대한 '고객 리스트' 덕분이다. 그는 거의 아무것도 소유하지 않지만 단 하나, 고객 리스트만은 확실히 '소유'하고 착실히 늘려나간다. 고객 리스트는 아무리 많아도 부담되지 않는다. 컴퓨터에 목록을 저장해두면 그만이기 때문이다. 고객 리스트는 그가 탁월한 커뮤니케이션 능력을 활용해 구축한 인맥에서 만들어졌다. '자기 자본'을 살려 '인간관계 자본'을 완벽히 가동해 '금전 자본'으로 차근차근 바꾸어 나갔다.

그는 소유에 대한 욕망을 버린 덕분에 성공할 수 있었다. 이처럼 무소유의 사고방식은 앞으로 점점 더 중요한 가치로 자리 잡을 것이다. 우리가 맞닥뜨리게 될 가까운 미래에 소유에 집착하는 사람은 패배할 수밖에 없다. 아무것도 가지지 않고, 빚도 지지 않고, 홀가분하게 살아가야 한다. 그럴 때 오히려 더욱 강한 경쟁력을 얻을 수 있다.

20~30대, 아니 40~50대에게도 직업으로서의 매력이 사라진 회사원 자리를 과감히 박차고 나와 자신이 잘할 수 있는 분야에서 창업할 것을 권하고 싶다. 종횡무진 다니며 '자기 자본'을 활용해 인간관계 자본을 구축하고, '금전 자본'을 얻는 삶의 방식을 구축하라고 조언해주고 싶다. 이것이 바로 변화하는 시대를 조용히 바라보며 내가 생각해본, 새로운 시대를 살아가는 삶의 방식이다.

제 3 장

# 우리가 사는 세상은 이렇게 잔혹하다

——현실을 직시하지 않으면 희망은 없다

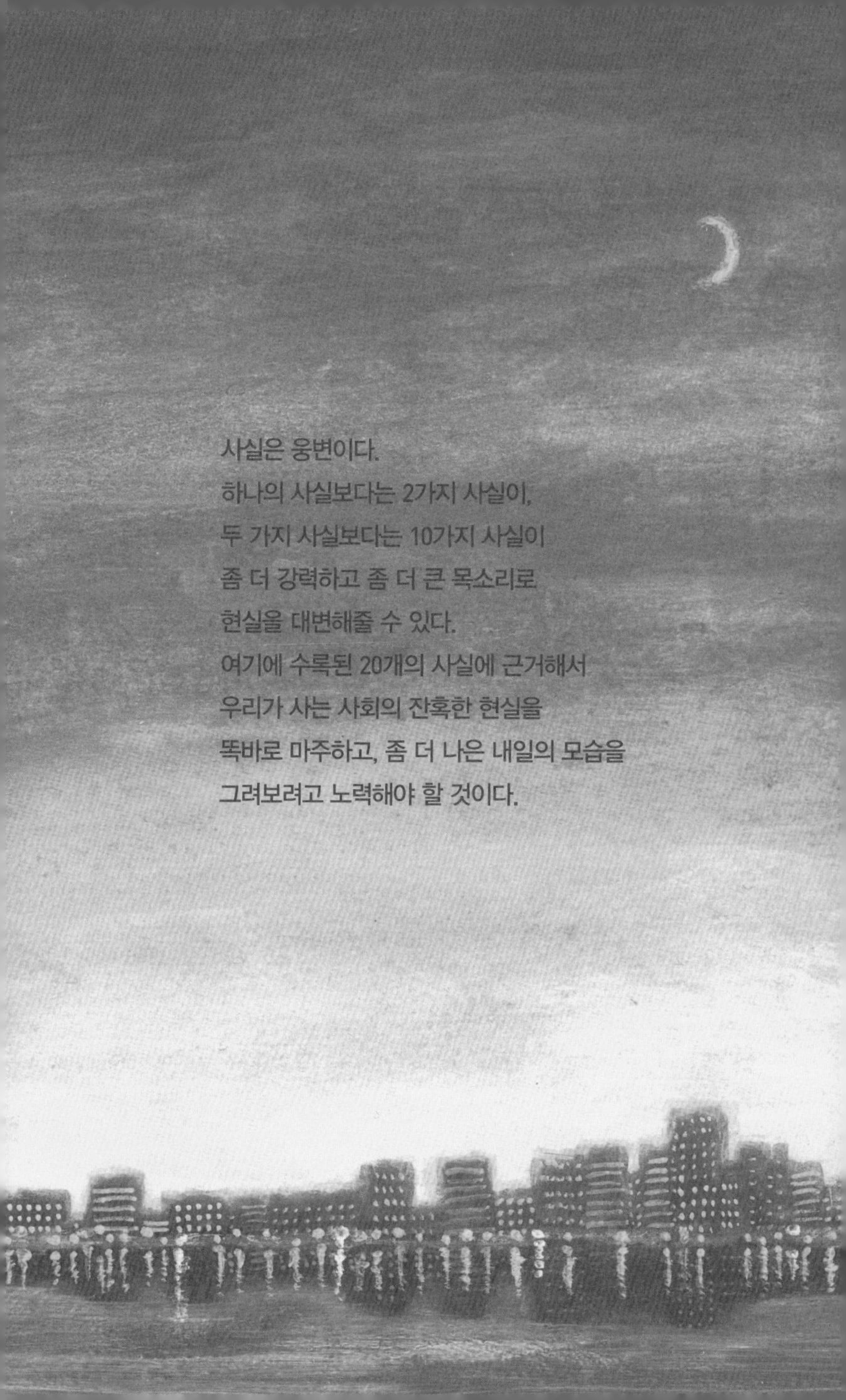

사실은 웅변이다.
하나의 사실보다는 2가지 사실이,
두 가지 사실보다는 10가지 사실이
좀 더 강력하고 좀 더 큰 목소리로
현실을 대변해줄 수 있다.
여기에 수록된 20개의 사실에 근거해서
우리가 사는 사회의 잔혹한 현실을
똑바로 마주하고, 좀 더 나은 내일의 모습을
그려보려고 노력해야 할 것이다.

쇠퇴하는 국가 ❶

# 일할 사람이 갈수록 줄어든다

일본 총인구 : 1억 2,701만 6,000명

(2015년 1월 1일 현재, 총무성 통계국 '인구 추계')

생산 연령 인구 : 7,757만 2,000명

(전년 동월 대비 17만 6,000명 감소)

## 정책은 미래 인구 동향에 좌우된다

일본은 2008년을 정점으로 인구가 감소하기 시작한다. 2010년 1억 2,806만 명이었던 총인구가 2048년에는 1억 명에 못 미치는 9,913만 명으로 줄어들고, 2060년에는 8,674만 명까지 곤두박질친다(국립사회보험·인구문제 연구소의 출생 중립 추계).

## 생산인구가 1년 사이에 117만 명 감소

인구가 줄어드는 것 그 자체도 문제지만, 정말 심각한 문제는 생산인구의 감소다. 생산인구의 급격한 감소는 한층 심각한 사회문제를 야기할 수 있기 때문이다.

노동 가능 인구(생산인구)란 15~64세 인구를 가리키는 말로, 2015년과 2014년을 비교해보면 총인구에서 21만 명이 감소한

데 비해 생산인구는 117만 6,000명이나 감소했다.

생산인구는 2027년에는 7,000만 명으로, 2051년에는 5,000만 명으로 줄어들고, 2060년에는 4,418만 명까지 떨어질 것으로 예측된다. 일본은 점점 '생산력이 줄어드는 나라', '활력이 없는 나라'로 변해가고 있다.

### 7년 후에는 인구 2명이 1명의 고령자를 부양해야 한다

생산인구가 노령인구(65세 이상)를 부양해야 하는 비율을 살펴보면 2010년에 생산인구 2.8명이 고령자 1명을 부양해야 한다. 반면,

**〈생산인구 감소로 인해 일본은 빠른 속도로 '생산력이 부실한 나라'로 변모하고 있다〉**

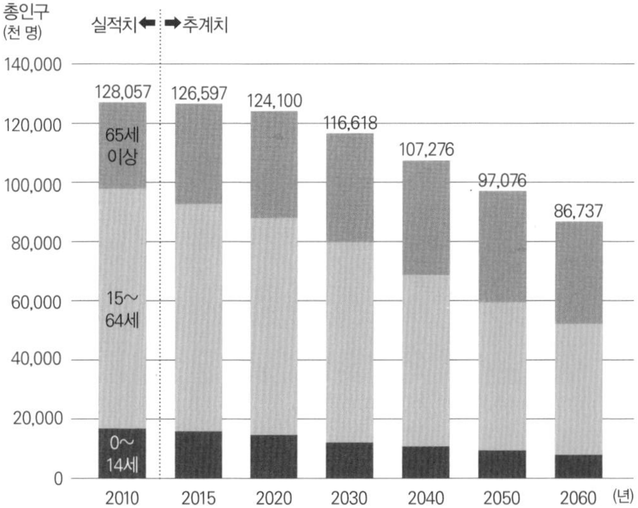


총무성 '국세조사', 국립사회보험 · 인구문제연구소 '일본의 미래추계 인구'에서 발췌

## ■ 지금 한국에서는 ■

〈100년간 대한민국 인구 변화 통계 및 예측〉

| | 1970 | 1980 | 1990 | 2000 | 2010 | 2016 | 2020 | 2030 | 2040 | 2050 | 2060 |
|---|---|---|---|---|---|---|---|---|---|---|---|
| 총인구 (천 명) | 32,241 | 38,124 | 42,869 | 47,008 | 49,410 | 50,801 | 51,435 | 52,160 | 51,091 | 48,121 | 43,959 |
| 인구 성장률 | 2.21 | 1.57 | 0.99 | 0.84 | 0.46 | 0.36 | 0.28 | 0.01 | −0.39 | −0.76 | −1.00 |

출처 : 통계청, 「대한민국인구추계」 2010~2060

〈대한민국 미래 생산 가능 인구 예측〉

| | 2011 | 2015 | 2020 | 2030 | 2040 | 2050 | 2060 |
|---|---|---|---|---|---|---|---|
| 생산가능인구 (15~64세) (천 명) | 36,352 | 36,953 | 36,563 | 32,893 | 28,873 | 25,348 | 21,865 |
| 15~25세 | 6,743 | 6,701 | 5,679 | 4,494 | 4,396 | 3,971 | 3,201 |
| 25~49세 | 20,263 | 19,398 | 18,650 | 16,243 | 13,759 | 11,454 | 10,698 |
| 50~64세 | 9,346 | 10,854 | 12,234 | 12,156 | 10,718 | 9,923 | 7,966 |

〈대한민국 총인구, 인구증가율〉

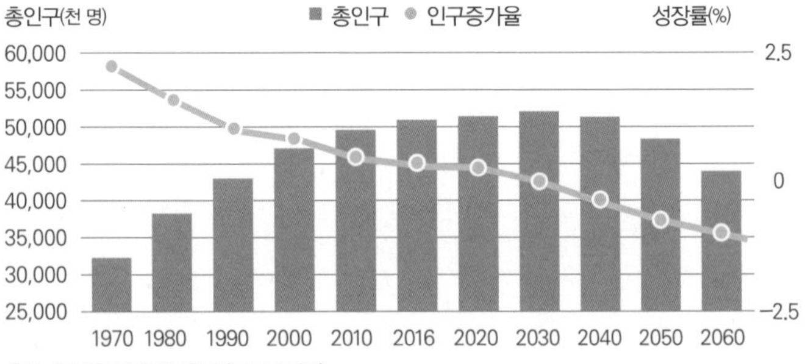


출처 : 「통계청 미래인구 추계」(2011년 자료)

2022년에는 2명이 1명을, 2060년에는 1.3명이 1명을 부양해야 한다.

'생산인구'라는 말을 뒤집어보면 '소비인구'인 셈이다. 소비인구가 감소하면 그에 비례하여 나라 전체에 소비가 줄어들 수밖에 없다. 또한 생산인구 감소로 경제 성장이 둔화되거나 정체되고, 심할 경우 디플레이션이 일어난다는 지적도 제기된다.

쇠퇴하는 국가 ❷

# 4명 중 1명이 75세 이상인 고령화 사회로

65세 이상 인구 : 3,323만 명

(2015년 1월 1일 기준 · 총무성 '인구추계')

## 고령화율 증가 추세는 멈출 수 없다

총인구가 갈수록 줄어드는 와중에도 고령자의 비율은 나날이 증가하고 있다. 2015년 발간한 『고령사회 백서』에 따르면, 이른바 '단카이 세대(1947~49년생)'가 65세 이상이 되는 해인 2015년 노령인구는 3,300만여 명에 달한다. 이후로도 고령 인구는 꾸준히 증가하여 2042년에 3,878만 명으로 정점을 맞이한다. 이후 감소세로 돌아서지만, 총인구도 줄어들어 고령화율은 오히려 증가한다.

## 2.5명 중 1명이 65세 이상, 4명 중 1명이 75세 이상

2060년에는 고령화율이 39.9%에 달해 2.5명 중 1명이 65세 이상이며, 75세 이상 인구가 총인구의 26.9%가 되어 4명 중 1명이 75세 이상인 초고령화 사회로 접어든다.

그야말로 사방을 둘러봐도 노인만 넘쳐나는 사회로 탈바꿈하는

〈평균수명이 남성 84세, 여성 90세인 장수사회로〉

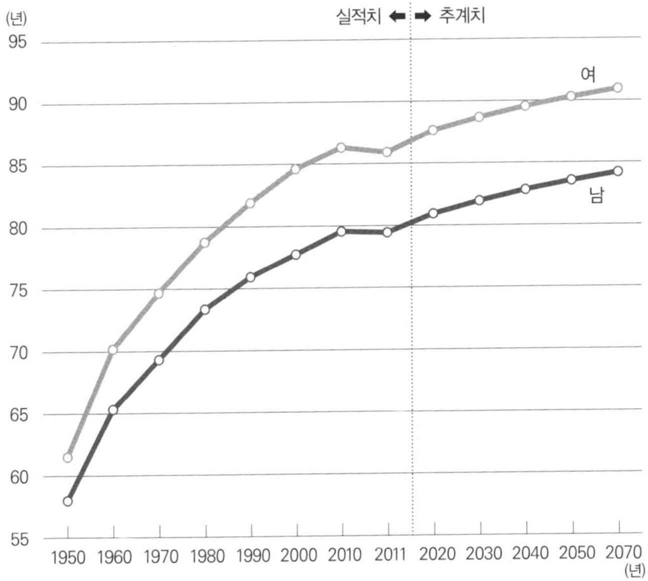


후생노동성 '간이 생명표', '완전 생명표', 국립사회보장 · 인구문제연구소 '일본의 미래추계인구'에서 발췌

셈이다. 고령화가 진행됨에 따라 사회적으로도 부담이 점점 커지지만 가정에서도 병간호비 등의 지출이 증가하며 경제적 부담이 늘어난다.

## 여성의 평균수명은 90세를 넘어선다

지역별로 고령화율을 살펴보자. 2014년을 기준으로, 고령 인구 비율이 가장 높은 지역은 아키타현으로 32.5%에 달한다. 대략 3명 당 1명이 65세 이상이라는 계산이 나온다. 이어서 고치현, 시

마네현, 와카야마현, 도쿠시마현으로 어느 지역이나 고령화율이 이미 30%를 넘어섰다. 고령화율이 가장 낮은 지역은 오키나와현으로 19.0%, 이어서 젊은 세대 유입이 많은 도쿄도가 22.5%, 마찬가지로 수도권인 가나가와현이 23.2%로 오키나와의 낮은 고령화율이 두드러진다.

평균수명을 살펴보면 2014년에는 남성 80.50세, 여성은 86.83세로, 2060년이 되면 남성 84.19세, 여성 90.93세로 여성의 평균수명이 90세를 넘어선다는 예측이 나온다.

■ 지금 한국에서는 ■

〈한국인의 평균수명〉

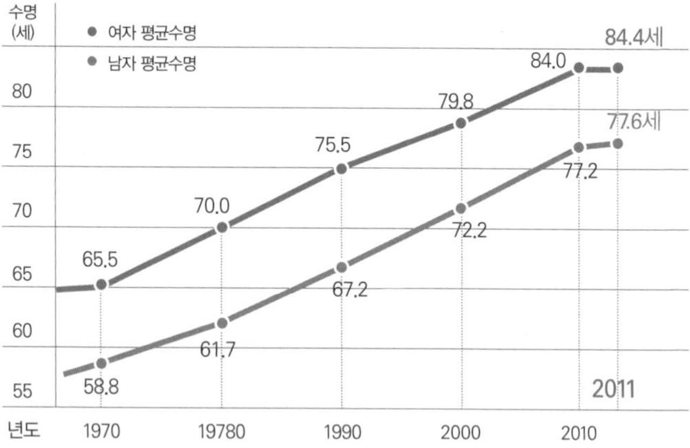


출처: 국가 통계 포털 http://kosis.kr/

## ■ 지금 한국에서는 ■

〈시도별 고령인구 비율〉 (단위 : %)

| 시도별 | 2015 | 2014 | 2013 |
|---|---|---|---|
| 전국 | 13.15 | 12.70 | 12.22 |
| 서울특별시 | 12.60 | 12.04 | 11.45 |
| 부산광역시 | 14.65 | 13.98 | 13.25 |
| 대구광역시 | 12.71 | 12.17 | 11.56 |
| 인천광역시 | 10.69 | 10.26 | 9.81 |
| 광주광역시 | 11.30 | 10.83 | 10.31 |
| 대전광역시 | 10.90 | 10.34 | 9.83 |
| 울산광역시 | 8.79 | 8.34 | 7.91 |
| 세종특별자치시 | 10.62 | 12.67 | 14.70 |
| 경기도 | 10.53 | 10.15 | 9.77 |
| 강원도 | 16.89 | 16.57 | 16.18 |
| 충청북도 | 14.82 | 14.50 | 14.13 |
| 충청남도 | 16.42 | 16.04 | 15.64 |
| 전라북도 | 17.84 | 17.24 | 16.70 |
| 전라남도 | 20.53 | 20.14 | 19.64 |
| 경상북도 | 17.75 | 17.30 | 16.76 |
| 경상남도 | 13.79 | 13.40 | 12.95 |
| 제주특별자치도 | 13.76 | 13.57 | 13.36 |

출처 : 통계청 2016년 갱신 자료

쇠퇴하는 국가 ❸

# 지방이 사라진다

## 40개 지역에서 인구가 감소
(총무성)

### 1% 이상 인구가 감소한 아키타현과 아오모리현

총인구가 줄어들며, 동시에 지방에서도 빠르게 인구가 감소하고 있다. 일본 전국 47개 지방자치단체 중 40개 지역에서 인구가 전년 대비 감소하고 있다(총무성 '인구추계' 2014년 10월 1일 기준). 전국 평균은 0.17% 감소했다. 인구 감소가 가장 두드러지는 지역은 아키타현으로 1.26%, 그 뒤를 이어 아오모리현이 1.08%에 달했다. 두 지역 모두 전년 대비 1% 이상 인구가 감소했다.

### 두드러지는 수도권으로의 인구 유입

인구가 늘어난 지역은 도쿄(0.68%), 오키나와(0.40%), 사이타마(0.20%), 가나가와(0.19%), 아이치(0.17%), 지바(0.08%), 후쿠오카(0.03%)로, 총 7개 지역이다. 출생률이 독보적으로 높은 지역은 오키나와(2012년 합계 특수 출생률 1.90명으로 전국 1위)로, 오키나와를 비롯해 도쿄를 포함한 수도권과 지역 거점도시인 아이치와 후쿠오

**〈지역별 합계 특수 출생률〉**

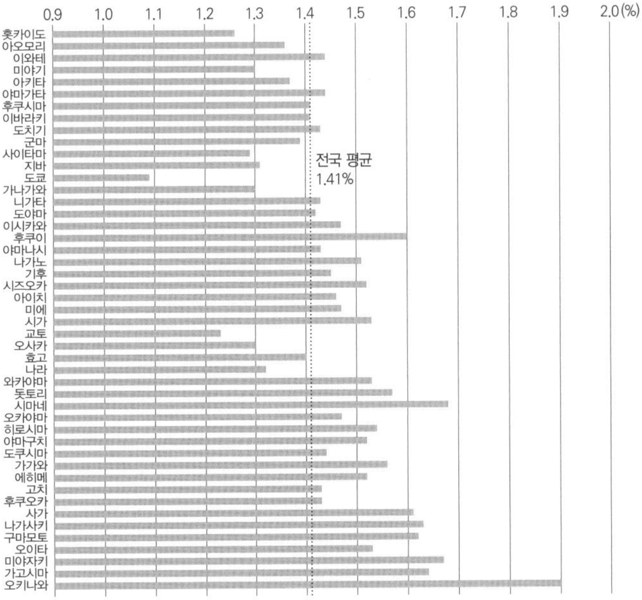


후생노동성 '2024년 인구 동태 통계'에서 발췌

카의 출생률이 증가했다.

특히 도쿄는 전년의 0.53%에서 0.15포인트나 증가해 사이타마, 가나가와, 지바를 포함한 수도권으로의 인구 유입이 두드러진다.

만약 내가 젊다면 도쿄나 수도권이 아닌 오히려 젊음의 가치를 높게 쳐주는 지방으로 가서 자급자족 생활을 할 것이다.

## 인구 밀도가 높아지면 생산율이 떨어진다?

합계 특수 출생률 전국 평균은 1.41명(2012년)으로 인구 밀도가 높은 대도시는 대체로 출생률이 낮다. 특히, 도쿄는 1.09명으로 출생률이 전국에서 가장 낮다.

내각부 '선택하는 미래' 위원인 마스다 히로야 도쿄대학교대학원 객원교수는 위원회 제공자료인 '인구감소 문제와 지방의 과제'에서 인구문제의 열쇠를 쥐고 있는 사람은 20~39세의 젊은 여성 인구라고 지적했다. 또한, 그는 2040년 시점에서 그 여성 인구가 50%나 감소해, 인구 1만 명 미만인 소규모 자치단체는 '쇠퇴 가능성'이 높다고 지적한다.

마스다 교수는 896개 지역에 쇠퇴 가능성이 있다는 주장을 담은 『지방 소멸』이라는 책을 출간하기도 했다.

### ■ 지금 한국에서는 ■

〈시도별 출생아 수〉

| 시도별 | 총 출생아 수(명) |
|---|---|
| 전국 | 435,435 |
| 서울특별시 | 83,711 |
| 부산광역시 | 26,190 |
| 대구광역시 | 19,361 |
| 인천광역시 | 25,786 |
| 광주광역시 | 12,729 |

| | |
|---|---|
| 대전광역시 | 13,962 |
| 울산광역시 | 11,556 |
| 세종특별자치시 | 1,344 |
| 경기도 | 112,169 |
| 강원도 | 10,662 |
| 충청북도 | 13,366 |
| 충청남도 | 18,200 |
| 전라북도 | 14,231 |
| 전라남도 | 14,817 |
| 경상북도 | 22,062 |
| 경상남도 | 29,763 |
| 제주특별자치도 | 5,526 |

출처 : 통계청 2014년 갱신 자료

## ■ 지금 한국에서는 ■

〈시도별 합계 출산율〉

| 시도별 | 2014 | 2013 | 2012 |
|---|---|---|---|
| 전국 | 1.205 | 1.187 | 1.297 |
| 서울특별시 | 0.983 | 0.968 | 1.059 |
| 부산광역시 | 1.090 | 1.049 | 1.135 |
| 대구광역시 | 1.169 | 1.127 | 1.217 |
| 인천광역시 | 1.212 | 1.195 | 1.301 |
| 광주광역시 | 1.199 | 1.170 | 1.295 |

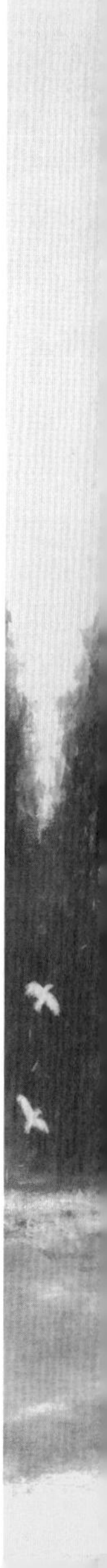

| | | | |
|---|---|---|---|
| 대전광역시 | 1.250 | 1.234 | 1.315 |
| 울산광역시 | 1.437 | 1.391 | 1.481 |
| 세종특별자치시 | 1.354 | 1.435 | 1.597 |
| 경기도 | 1.241 | 1.226 | 1.355 |
| 강원도 | 1.248 | 1.249 | 1.374 |
| 충청북도 | 1.363 | 1.365 | 1.485 |
| 충청남도 | 1.421 | 1.442 | 1.571 |
| 전라북도 | 1.329 | 1.320 | 1.440 |
| 전라남도 | 1.497 | 1.518 | 1.642 |
| 경상북도 | 1.408 | 1.379 | 1.489 |
| 경상남도 | 1.409 | 1.367 | 1.503 |
| 제주특별자치도 | 1.481 | 1.427 | 1.598 |

출처 : 통계청 2015년 갱신 자료

벼랑 끝에 선 집단 ❶

# 빚더미에 짓눌린 나라

누적 부채는 국채 잔고가 약 807조 엔
지방과의 합계 채무 잔고는 1,035조 엔
GDP의 갑절이 넘는다

### 국가 부채는 국민 소득의 2배 이상

2015년 말 정부는 국채 잔고가 807조 엔, 지방과 합해 장기 채무 잔고는 1,035조 엔에 달할 것이라고 전망했다.

이는 국민 총생산(GDP)의 205%에 달하는 액수다. 국민이 1년 동안 벌어들이는 총 소득의 2배 이상을 빚을 갚는 데 써야 한다는 계산이 나온다.

### 매일 700억 엔씩 빚이 증가

2014년 말, 약 1,009조 엔이던 빚이 한 해에만 약 26조 엔이나 증가했다. 워낙 어마어마한 액수라 감이 오지 않는다. 통계에 따르면, 2015년 4월 1일부터 2016년 3월 31일까지 매일 약 700억 엔 이상씩 빚이 늘어났다고 볼 수 있다. 국민 1인(갓난아기를 포함)이 부담해야 하는 부채 총액은 약 815만 5,000엔이다.

**〈일본의 국가 부채는 1년에 26조 엔씩 불어나고 있다〉** (단위 : 조 엔)

| | 1998 년도 말 〈실적〉 | 2003 년도 말 〈실적〉 | 2008 년도 말 〈실적〉 | 2009 년도 말 〈실적〉 | 2010 년도 말 〈실적〉 | 2011 년도 말 〈실적〉 | 2012 년도 말 〈실적〉 | 2013 년도 말 〈실적〉 | 2014 년도 말 〈실적〉 | 2015 년도 말 〈실적〉 |
|---|---|---|---|---|---|---|---|---|---|---|
| 중앙정부 | 390 | 493 | 573 | 621 | 662 | 694 | 731 | 770 | 809 | 837 |
| 보통국채잔고 | 295 | 457 | 546 | 594 | 636 | 670 | 705 | 744 | 778 | 807 |
| GDP대비 | 58% | 91% | 112% | 125% | 133% | 141% | 149% | 154% | 158% | 160% |
| 지방 | 163 | 198 | 197 | 199 | 200 | 200 | 201 | 201 | 201 | 199 |
| GDP대비 | 32% | 40% | 40% | 42% | 42% | 42% | 42% | 42% | 41% | 39% |
| 중앙·지방 합계 | 553 | 692 | 770 | 820 | 862 | 895 | 932 | 972 | 1,009 | 1,035 |
| GDP 대비 | 108% | 138% | 157% | 173% | 179% | 189% | 196% | 201% | 205% | 205% |

출처 : 재무성 홈페이지

## 재정 적자는 10년 후에 40조 엔

정부 채무는 해마다 눈덩이처럼 불어나고 있다. 소비세를 늘려 세수를 늘렸지만, 재정 적자가 한 해에 약 30조 엔에서 10년 이내에 40조 엔까지 확대될 전망이다. 게다가 실제로는 만기 도래한 채권을 갚기 위해 새로 발행한 차환채(借換債)가 약 110조 엔에 달하며, 이를 포함해 국가 채무를 생각해야 한다.

## 일본이 디폴트를 선언하는 날

가계 금융자산 잔고가 2015년 사상 최고액인 1,708조 엔에 달했다. 일각에서는 국채를 발행해 생긴 빚도 국내 저축으로 충당할 수 있다며 동요할 필요 없다는 목소리도 들려온다. 그러나 이대로는 빚이 빚을 불러와 머지않아 저축 잔고를 넘어설 가능성도 있다.

## ■ 지금 한국에서는 ■

〈국가 부채 비율〉

| | 2014 | 2013 | 2012 |
|---|---|---|---|
| 단위 : % GDP | 1.2 | 1.3 | 1.0 |

출처 : 통계청 2015년 갱신 자료

## ■ 지금 한국에서는 ■

〈중앙정부 부채〉

| | 2010 | | 2009 | | 2008 | |
|---|---|---|---|---|---|---|
| | 중앙정부 부채 (100만 달러) | GDP대비 비중 (%) | 중앙정부 부채 (100만 달러) | GDP대비 비중 (%) | 중앙정부 부채 (100만 달러) | GDP대비 비중 (%) |
| 한국 | 328,977 | 31.9 | 297,654 | 32.6 | 235,376 | 29.0 |

출처 : 통계청 2014년 갱신 자료

빚이 국내 저축액을 초과하면 해외에서 자금을 조달하는 수밖에 없다. 해외에서 막대한 자금을 융통하면 국채 금리가 큰 폭으로 상승(이자 부담이 증가)하고, 거액의 채무로 일본이 국가부도 위기에 내몰려 디폴트(Default, 채무 불이행)를 선언하는 날이 올 수도 있다. 불안이 현실에서 이루어질지 모른다는 공포가 확산되고 있다.

더 이상 정부나 회사가 버팀목이 되어주지 않는다. 자기 몸은 스스로 지켜야 하는 시대가 왔다.

### 벼랑 끝에 선 집단 ❷

# 분수에 맞지 않게 생활하는 사람들

2015년도 일반회계 예산

**96조 3,420엔**

▼

세입 중 공채 발행으로 얻은 수입 = 즉, 국가 채무는

**36조 8,630엔**

## 수입은 고작 60%, 나머지는 빚

2015년 일반 회계 세입은 조세 및 인지 수입이 약 54조 5,200만 엔, 기타 수입이 약 4조 9,500엔, 공채 발행 금액(국채)이 약 36조 8,600억 엔에 달한다. 공책에서 얻은 수입, 즉 나라가 떠안은 빚이 38.3%를 차지한다.

요컨대 세수와 세외 수입을 합한 총 수입은 61.7%에 불과하고, 나머지는 모두 언젠가 갚아야 할 빚으로 고스란히 남아 있다.

## 언제까지 계속될까? 빚으로 연명하는 생활

빚으로 살림을 꾸려가는 생활을 직장인 가정에 대입해 생각해보자. 월수입이 30만 엔(세수+세외 수입)인 가정이 다달이 49만 엔씩 지출(세출)한다는 계산이 나온다. 차액인 19만 엔은 빚(국채 발행 금액)을 끌어와 적자를 메워야 하는 셈이다.

즉 연 수입이 360만 엔인 가정에서 한 해에 약 590만 엔이 필요한데, 부족한 약 230만 엔을 빚을 얻어 생활을 꾸려나가는 상황과 비슷하다. 빚을 얻어야 겨우 살림을 유지할 수 있는 가정이 얼마나 건실할지 굳이 물을 필요도 없으리라. 쉽게 말해, 가정 경제가 거덜 난 쪽박 살림이다!

## ■ 지금 한국에서는 ■

〈국가채무 현황〉

| 채무 내용별 | 2015 | 2014 | 2013 |
|---|---|---|---|
| 국가 채무(조 원) | 590.5 | 533.2 | 489.8 |
| GDP대비(%) | 37.9 | 35.9 | 34.3 |
| 일반회계(조 원) | 240.1 | 200.6 | 172.9 |
| 공적 자금(조 원) | 49.4 | 48.7 | 46.9 |
| 외환시장 안정용(조 원) | 198.3 | 185.2 | 171.0 |
| 주택기금(조 원) | 59.3 | 52.8 | 51.3 |
| 기타(조 원) | 9.5 | 15.9 | 22.0 |
| 지방정부 순채무(조 원) | 34.0 | 30.1 | 25.7 |

출처 : 기획재정부 2016년 갱신 자료

### 벼랑 끝에 선 집단 ❸

# 연금 · 의료 정책, 과연 안심할 수 있을까?

2015년도 일반 회계 세출 내역 1위는, 사회보장비

① 사회보장비 : 31조 5,297억 엔(전체의 37.7%)

② 국채비(원리 상환금) : 23조 4,507억 엔(전체의 24.3%)

③ 지방교부세 교부금 등 : 15조 5,357억 엔(전체의 16.1%)

④ 공공사업비 : 5조 9,711억 엔(전체의 6.2%)

⑤ 문화교육 및 과학 진흥비 : 5조 3,613억 엔(전체의 5.6%)

⑥ 방위비 : 4조 9,801억 엔(전체의 5.2%)

## 어마어마한 돈을 갚아야 한다

2015년도 세출 순위를 살펴보면, 1위부터 3위까지 항목이 전체의 70% 이상을 차지한다. 이 중 채무 변제(가정이라면 대출 상환금에 해당)에 해당하는 국채비는 전체의 약 4분의 1에 달한다.

사회보장비 약 31조 5,000만 엔은 가정에서의 생활비 일반에 해당하는 일반세출(약 57조 3,500억 엔)의 약 55%를 차지한다.

## 〈해마다 불어나는 사회보장비〉

【세출】

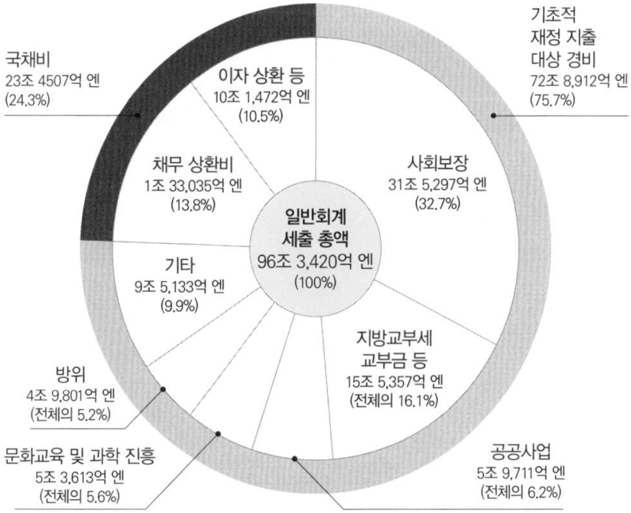


【세입】

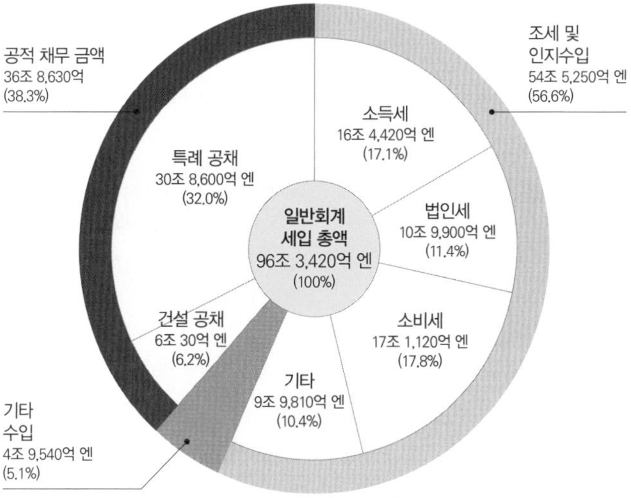


재무성 홈페이지 '2027년도 일반회계 예산' 참조

## ■ 지금 한국에서는 ■

〈일반회계 중 복지예산(사회보장) 비중(%) 시도별〉

| 시도별 | 2014 | 2013 | 2012 |
|---|---|---|---|
| 전국 | 30.64 | 28.21 | 25.67 |
| 서울특별시 | 37.96 | 36.30 | 31.65 |
| 부산광역시 | 38.52 | 35.42 | 35.11 |
| 대구광역시 | 39.41 | 35.30 | 35.37 |
| 인천광역시 | 36.43 | 31.92 | 32.16 |
| 광주광역시 | 41.39 | 39.11 | 38.24 |
| 대전광역시 | 41.46 | 38.76 | 36.53 |
| 울산광역시 | 29.89 | 28.44 | 25.16 |
| 세종특별자치시 | 17.02 | 20.34 | 18.89 |
| 경기도 | 33.45 | 31.02 | 26.07 |
| 강원도 | 22.57 | 19.92 | 19.49 |
| 충청북도 | 26.53 | 24.22 | 23.28 |
| 충청남도 | 24.12 | 22.54 | 19.82 |
| 전라북도 | 26.34 | 24.31 | 23.12 |
| 전라남도 | 22.54 | 20.20 | 17.57 |
| 경상북도 | 23.37 | 21.58 | 19.92 |
| 경상남도 | 26.57 | 24.27 | 22.36 |
| 제주특별자치도 | 14.93 | 13.35 | 11.67 |

출처 : 통계청 2016년 갱신 자료

## 해마다 불어나는 사회보장비

25년 전(1990년) 사회보장비는 약 11조 5,000만 엔이었지만, 최근 25년 사이에 20조 엔이 증가해 3배 가까이 늘어났다. 그만큼 중앙정부와 지방에서 부과하는 연금과 의료 및 병간호비 등의 금액과 서비스 총액=사회보장비가 증가한 셈이다.

실제 숫자를 살펴보면, 사회보장비는 2003년에 약 84조 엔에 달한다. 고령화가 진행됨에 따라 2014년에는 115.2조 엔으로 뻥튀기하듯 급속히 늘어났다.

사회보장비 내역을 자세히 들여다보면, 2015년(기본 예산안)에 연금 약 56조 엔(48.6%), 의료 약 37조 엔(32.1%), 병간호 약 22.2조 엔(19.3%)로 이루어져 있다.

## 부담은 고스란히 후손들의 몫

사회보장비 문제는 현역 생산인구(15~65세 인구) 감소로 사회보험료 수입이 지지부진해지며 수면 위로 떠오르기 시작했다.

부족한 자금을 공적 비용으로 충당해야 하는 탓에 공적 비용 부담이 기하급수적으로 증가했다. 쉽게 말해, 자녀와 손주 세대들에게 빚을 고스란히 대물림하는 셈이다.

우리 자녀 세대는 우리보다 더 나이가 든 후에야 정부에서 지급하는 연금을 수령할 수 있다. 차라리 연금을 받을 수 없는 상황을 가정하고 개인연금을 마련해 불안한 미래에 대비하는 게 현명하다.

웰컴 투 더 헬 저팬 ❶

# 3명 중 1명이 비정규직인 나라

일본 비정규직 근로자 : 1,979만 명
(총무성 · 노동력 조사)

**멈출 줄 모르고 늘어나는 비정규직 근로자**

총무성이 2015년 5월에 공표한 노동력 조사에 따르면, 임원을 제외한 고용자 5,245만 명 중 정규직 근로자가 3,626만 명, 비정규직 근로자(파견직 · 계약직 · 촉탁 · 아르바이트 · 파트타임)가 전년 대비 9만 명 증가한 1,979만 명이라고 한다.

비정규직으로 일하는 근로자는 전체 노동인구의 37.7%에 달해 3명 중 1명에 비정규직으로 일한다는 게 오늘날 일본의 서글픈 현실이다.

**한창 일할 나이인 가장도 비정규직**

비정규직 근로자의 연령별 내역을 2014년 평균으로 살펴보면 15~24세 남성이 16.6%, 25~34세 남성이 16.2%, 35~44세 남성이 11.6%로 전 세대에 걸쳐 절반 이상의 남성이 비정규직으로 일하고 있다.

한 가족의 가장으로 처자식을 먹여 살려야 하는 가장인 45~52세 남성의 9.2%, 55~54세 남성의 25.5%가 비정규직 근로자다.

## 여성은 40대 초반까지 약 절반이 비정규직

여성은 15~24세가 9.5%, 25~34세가 15.1%, 35~44세가 24.4%로 비정규직이 노동 인구의 거의 절반을 차지한다. 또 45~54세가 23.9%, 55~65세가 19.5%의 여성이 노동시장에서 비정규직으로 일한다.

**〈연령별 비정규직 근로자 내역〉**

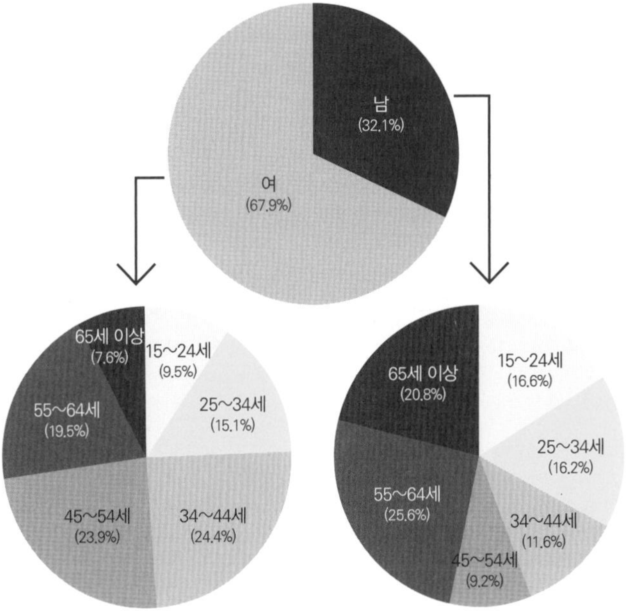


총무성 '2026년 노동력 조사' 참조

전년 대비 증감이 큰 연령 계급을 보면 남성은 65세 이상이 16만 명 증가, 여성은 65세 이상이 15만 명 증가, 45~54세가 10만 명 증가했다.

고용 형태별로 살펴보면, 파트타임과 아르바이트 등 시간제 노동자로 일하는 사람이 각각 1,347만 명과 27만 명 증가했고, 계약직이 292만 명으로 19만 명 증가했다.

## ■ 지금 한국에서는 ■

**〈경제활동 인구조사〉**

| 성별 | 임금근로자 | 정규직 | 비정규직 | 한시적 | 시간제 | 비전형 |
|---|---|---|---|---|---|---|
| 합계 | 19,233 | 13,077 | 6,156 | 3,576 | 2,222 | 2,138 |
| 남자 | 10,810 | 8,049 | 2,761 | 1,692 | 604 | 1,093 |
| 여자 | 8,423 | 5,028 | 3,395 | 1,884 | 1,618 | 1,045 |

※ 비정규직 근로자의 정의 및 범주는 노사정위원회가 합의(2002년 7월)한 결과에 따른 것임
※ 비정규직 근로자 내 유형별 중복으로 합계 불일치
※ 비전형근로자 내 유형별 중복으로 합계 불일치
※ 용어 정리

**임금 근로자**: 자신의 근로에 대해 월급, 주급, 일당 등 어떠한 형태로든 일한 대가를 지급받는 근로자로서 통상 상용, 임시, 일용근로자로 구분된다.

**비정규직 근로자**: 1차적으로 고용 형태에 의해 정의되는 것으로 한시적 근로자, 시간제 근로자, 비전형 근로자 등으로 분류된다.

**한시적 근로자**: 근로 계약 기간을 정한 근로자(기간제 근로자) 또는 정하지 않았으나 계약의 반복 갱신으로 계속 일할 수 있는 근로자와 비자발적 사유로 계속 근무를 기대할 수 없는 근로자(비기간제 근로자)를 포함한다.

**시간제 근로자**: 직장(일)에서 근무하도록 정해진 소정의 근로시간이 동일 사업장에서 동일한 종류의 업무를 수행하는 근로자의 기본 근로시간보다 1시간이라도 짧은 근로자로, 평소 1주에 36시간 미만 일하기로 정해져 있는 경우가 해당한다.

**비전형 근로자**: 파견근로자, 용역근로자, 특수형태근로종사자, 가정 내(재택, 가내) 근로자, 일일(단기) 근로자

출처 : 통계청 2016년 갱신 자료

## 취업 빙하기를 겪은 세대가 비정규직으로

1990년대 초, 거품 경제가 무너지고 나서 소비세 인상 등의 조치가 이루어지며 일본에서는 불황이 한층 심각해졌다. 그 때문에 2000년대 초까지 취업시장이 위축되어 이 시기에 고등학교, 대학교를 졸업한 사람의 대다수가 아르바이트를 전전하거나 파견근로자 등 사회보험의 혜택을 받지 못하는 비정규직 근로자의 길을 택할 수밖에 없었다.

본인의 노력 부족이라기보다 시대의 희생양이 된 피해자들이다. 문제는 일단 비정규직이 되면 정규직으로 전환되기 힘들다는 데 있다. 이 각박한 현실이 30대부터 40대에 유독 비정규직이 많다는 통계상의 수치로 나타나고 있다.

고용 형태별로 살펴보면 파트타임과 아르바이트가 1,347만 명으로 전년 대비 27만 명 증가, 파견직이 19만 명으로 3만 명 증가, 계약직이 292만 명으로 19만 명 증가, 촉탁이 119만 명으로 4만 명 증가했다.

## 기업 역량이 슬금슬금 후퇴하고 있다

비정규직 근로자를 늘려 가까스로 인건비를 줄이는 데 성공했지만, 중장기 경영 관점에서 보면 결과적으로 기업에 이익이 될지는 의문이다.

파견직과 계약직 근로자는 한 기업에 장기간 근무하지 못하고 단기간만 근무하는 고용이 불안정한 신분이다. 그것도 자신의 상황이라기보다 회사의 상황에 따라 언제든 해고당할 수 있는 처

지다.

내 밥그릇을 언제 빼앗길지 모르는 불안한 상황에서 회사를 위해 이를 악물고 일할 사람이 과연 얼마나 있을까?

인건비 절감 이상으로 생산성이 떨어지며, 기업도 나날이 활력을 잃고 비실거린다. 과연 이대로 가면 일본에서 살아남을 기업이 얼마나 될지 걱정스러울 정도다.

앞으로도 일본에서 살려면 월급쟁이가 되겠다는 꿈은 접어두는 게 낫다. 자신만의 강점과 특기를 살려 자기 힘으로 살아남겠다고 결심하는 게 훨씬 현명한 선택이다.

## 웰컴 투 더 헬 저팬 ❷

# 빈곤 근로자층이 1,100만 명?

연봉 200만 엔 이하 : 약 1,120만 명

(총무성 · 노동력 조사)

### 1시간에 700엔이나 차이가 난다

정규직 근로자와 비정규직 근로자의 평균임금(1시간 당)을 비교해 보면, 정규직 일반 근로자가 1,937엔, 정규직 시간제 근로자가

**〈정규직과 비정규직 사원의 시급 차이〉**

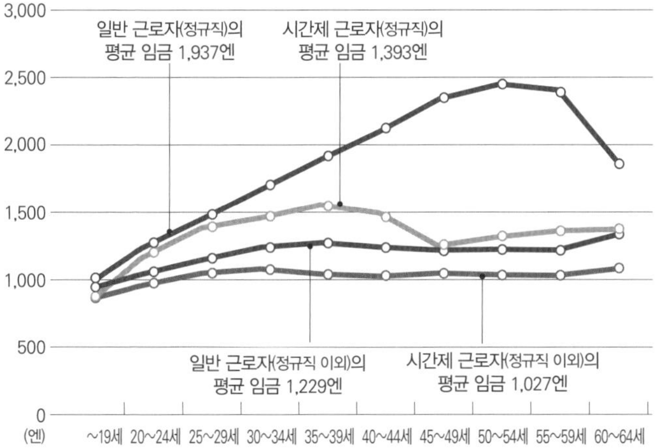


후생노동성 '임금 구조 기본 통계 조사(2015년)' 참조

1,393엔인데 비해 비정규직 일반 근로자는 1,299엔, 비정규직 시간제 근로자는 1,027엔으로 시급에 확실한 차이가 난다.

〈연봉 200만 엔 이상인 급여 생활자 수 · 비율〉

국세청 '민간 급여 실태 통계 조사' 참조

## ■ 지금 한국에서는 ■

〈경제활동 인구조사 근로형태별 월평균 임금 및 증감〉

| 근로 형태별 | 2016년 3월 | | |
|---|---|---|---|
| | 월평균 임금(만 원) | 증감(전년 동월) | 증감률(전년 동월) |
| 임금근로자 | 241.2 | 9.8 | 4.2 |
| 정규직 | 283.6 | 12.3 | 4.5 |
| 비정규직 | 151.1 | 4.4 | 3.0 |
| 한시적 | 168.0 | 4.7 | 2.9 |
| 기간제 | 166.8 | 6.8 | 4.3 |
| 비기간제 | 172.3 | −2.1 | −1.2 |
| 시간제 | 75.3 | 2.2 | 3.0 |
| 비전형 | 155.7 | 5.0 | 3.3 |

출처 : 통계청 2016년 갱신 자료

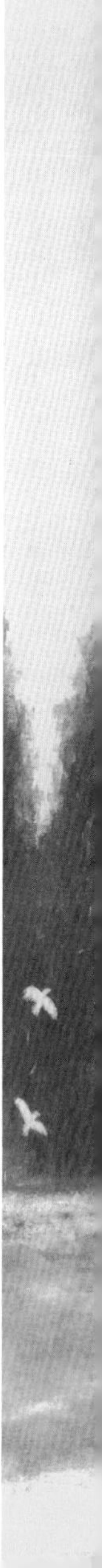

### 8년 연속 연봉 200만 엔 이하가 1천만 명 이상

국세청 '민간 급여 실태 조사'에 따르면, 연봉 200만 엔 이하인 빈곤 근로계층은 2013년 조사에서 8년 연속 1,000만 명을 넘어섰다. 좀 더 구체적으로, 약 1,120만 명의 사람들이 일을 하지만 가난을 면치 못하는 근로 빈곤 계층이라는 결과가 나왔다. 1년을 통틀어 근무한 급여 생활자는 4,645만 명으로, 전체의 24%로 4명 중 1명꼴이다.

### 소득 격차가 너무 벌어졌다

총무성 '노동력 조사'에서 연 수입(2014년 평균)을 살펴보면, 남성 정규직 근로자는 500~699만 엔을 버는 사람이 22.4%로 가장 많았고, 300~399만 엔이 20.3%로 뒤를 잇고 있다. 반면, 비정규직 근로자는 100~199만 엔이 30.7%로 가장 많았으며, 100만 엔 미만이라고 대답한 사람이 25.8%를 차지했다.

여성은 정규직 근로자가 200~299만 엔으로 가장 많았으며, 300~399만 엔이 21.9%로 뒤를 이었다. 이에 비해 비정규직 근로자는 100만 엔 미만이 46.2%로 거의 절반을 차지했고, 100~199만 엔을 받는다고 대답한 사람이 전체의 39.0%를 차지했다.

앞으로는 이러한 격차가 점점 더 벌어질 전망이다. 커뮤니케이션 능력을 갈고닦아 로봇과 외국인 근로자에게 뒤지지 않는 업무 능력을 갖춘 사람만이 살아남을 수 있을 것이다.

웰컴 투 더 헬 저팬 ❸

# 굶주리는 아이, 굶주리는 가정

아동 빈곤율 : 16.3%

생계가 곤란한 가정 : 한부모 가정의 84.8%

(후생노동성 '국민생활 기초조사')

## 어린이 6명 중 1명이 빈곤층

2014년 7월에 공표한 후생노동성 '국민생활 기초조사'에 따르면, 2012년 빈곤선(해당 국가에서 적절한 생활수준을 수행하는 데 필요한 최소 소득 수준)은 122만 엔으로, 이 빈곤선을 충족하지 못하는 세대원의 비율(상대적 빈곤율)은 16.1%, 17세 이하 아동의 빈곤율은 16.3%에 달했다. 17세 이하 아동 6명 중 1명이 빈곤층으로 분류되는 셈이다. 1991년 조사에서 상대적 빈곤율은 13.6%, 아동 빈곤율은 12.8%로 조사되었다. 이후 거의 매년 빈곤율이 상승하고 있다.

## 상대적 빈곤율은 세계 4위

일본의 상대적 빈곤율(소득이 현저하게 낮은 사람이 전 인구에서 차지하는 비율)은 멕시코, 터키, 미국에 이어 세계 4위로 높은 수준이다. 상대적 빈곤율이 가장 낮은 국가는 덴마크로 약 5% 수준이다.

## ■ 지금 한국에서는 ■

**〈아동 · 청소년 상대빈곤율 2008년 조사〉**

| 연령별 | 평균(%) | 인원수(명) |
|---|---|---|
| 전체 | 7.0 | 793,116 |
| 0~2세 | 4.9 | 66,659 |
| 3~5세 | 4.4 | 62,399 |
| 6~8세 | 5.9 | 103,353 |
| 9~11세 | 7.3 | 142,430 |
| 12~18세 | 8.7 | 418,275 |

출처 : 보건복지부 아동종합실태 조사

## ■ 지금 한국에서는 ■

**〈OECD 가입국의 2012년 상대적 빈곤율 순위〉** (단위 : 비율)

| 순위 | 나라 | 빈곤율 |
|---|---|---|
| 1위 | 멕시코 | 0.189 |
| 2위 | 이스라엘 | 0.184 |
| 3위 | 미국 | 0.179 |
| 4위 | 터키 | 0.178 |
| 5위 | 그리스 | 0.151 |
| 6위 | **대한민국** | **0.146** |
| 7위 | 스페인 | 0.140 |
| 8위 | 오스트레일리아 | 0.140 |
| 9위 | 포르투갈 | 0.130 |
| 10위 | 이탈리아 | 0.127 |

출처 : 통계청 통계서비스 기획과

**한부모 가정의 절반 이상이 빈곤층**

'자녀가 있는 현역 세대(세대주가 18세 이상 65세 미만으로 자녀를 둔 가구)'의 세대원은 전체 인구의 15.1%라고 한다. 이 중 '성인이 1인'인 가구, 그중 대다수가 홀어머니가 자녀를 기르는 한부모 가정으로, 54.6%가 빈곤층에 속한다.

**교육비 지원을 받는 가정의 비율이 역대 최고로 치솟았다**

경제적 이유로 학업에 지장을 줄 수 있다고 인정되어 교육비 지원을 받는 초·중학생은 해마다 높은 비율로 증가하고 있다. 2012년에는 약 155만 명이 정부에서 교육비 지원을 받아 역대 최고인 15.64%의 가구가 정부 지원을 받아야 자녀를 학교에 보낼 수 있을 정도로 살림살이가 팍팍해졌다.

**사는 게 고달픈 사람들이 해마다 늘어나고 있다**

빈곤율과는 별개로 생활의식을 묻는 조사가 이루어졌다. 일본 국민의 59.9%가 '사는 게 고달프다(매우 힘들다)+(약간 힘들다)'고 응답했다. 연도별 추이를 살펴보면, 사는 게 고달프다고 대답한 가구는 해마다 늘어나고 있다.

사는 게 고달프다고 대답한 가구 중 어머니 혼자 자녀를 양육하는 한부모 가정이 84.8%, 자녀를 양육 중인 가정이 65.9%를 차지했다.

한부모 가정이 증가하며 일하는 어머니의 대다수가 급여 수준이 낮은 비정규직 근로자라는 현실이 삶의 무게를 더하고 있다.

정부는 더는 격차가 벌어지지 않도록 아동과 청소년에 대한 지원을 아끼지 말아야 할 것이다.

## ■ 지금 한국에서는 ■

**〈아동의 가정형편 수준〉**

| 가구 특성별 1 | 가구 특성별 2 | 응답자 수 (명) | 매우 못산다 (%) | 약간 못산다 (%) | 못 산다 (%) | 보통 수준 (%) | 잘 산다 (%) | 약간 잘산다 (%) | 매우 잘산다 (%) |
|---|---|---|---|---|---|---|---|---|---|
| 전체 | 소계 | 9,626,181 | 1.6 | 4.7 | 10.3 | 46.5 | 27.4 | 9.5 | 0.1 |
| 가족 유형별 | 양부모 | 8,550,145 | 0.7 | 2.7 | 8.3 | 48.8 | 29.2 | 10.1 | 0.1 |
| | 한부모 · 조손 | 1,009,915 | 9.1 | 21.2 | 27.3 | 27.2 | 11.3 | 4.0 | 0.0 |

출처 : 보건복지부 아동종합실태 조사 2013년 자료

## ■ 지금 한국에서는 ■

**〈빈곤율 및 빈곤선 조사〉**

| 빈곤 지수별 | 2011년 | | | | | | |
|---|---|---|---|---|---|---|---|
| | 경상 소득 (지수) | 가처분 소득 (지수) | 균등화 소득 (지수) | 가계 지출 (지수) | 소비 지출 (지수) | 총 재산 (지수) | 순 재산 (지수) |
| 빈곤율(HCR) | 23.716 | 23.250 | 20.334 | 21.615 | 21.102 | 33.147 | 33 |
| 빈곤갭비율(PGR) | 10.293 | 10.109 | 8.488 | 7.994 | 7.228 | 21.380 | 25 |
| 소득갭비율(IGR) | 43.402 | 43.477 | 41.544 | 36.983 | 34.250 | 64.501 | 85 |
| 빈곤선 =0.5*median | 1,758.000 | 1,646.000 | 1,098.000 | 136.600 | 123.000 | 7,047.000 | 5,917 |

출처 : 한국보건사회연구원 한국복지패널조사 2014년 갱신 자료

※ 2015년 기준으로 우리나라 가계 빈곤선은 연간 1,156만 원으로, 연간 처분 가능 소득이 이에 미치지 못하면 빈곤층으로 분류된다. 우리나라의 빈곤율은 처분 가능 소득 기준 16.3%로 집계, 우리나라 전체 가구의 6분의 1 정도가 빈곤층임을 의미한다.

## ■ 지금 한국에서는 ■

**〈가계 동향 조사 소득 분배 지표(전체 가구, 성별 및 연령 구분별)〉**

| 분배지표별 | | 2015 | 2014 | 2013 |
|---|---|---|---|---|
| 상대적 빈곤율<br>(중위소득 50%, 단위%) | 계 | 18.6 | 17.9 | 17.8 |
| | 남성 | 15.9 | 15.4 | 15.5 |
| | 여성 | 21.1 | 20.0 | 19.8 |
| | 근로연령인구<br>(18~65세) | 11.3 | 11.2 | 11.7 |
| | 은퇴연령인구<br>(66세 이상) | 64.0 | 63.8 | 62.8 |
| | 노인인구<br>(65세 이상) | 63.2 | 62.5 | 61.3 |

출처 : 통계청 2016년 갱신 자료

웰컴 투 더 헬 저팬 ❹

# 점점 줄어드는 예산

생활보호 수급자 수 : 약 216만 5,000명
약 161만 3,000가구
(2014년 9월 · 후생노동성)

### 가파르게 치솟는 생활보호 대상 가구

생활보호제도는 일본 헌법 제25조의 이념에 바탕을 둔 국민의 '생존권'을 보장하는 수단이다. 최소한의 인간다운 생활을 보장한다는 의미에서 사회보험에서는 최후의 보루이자 사회적 안전망이라 부른다.

생활보호 수급자 수는 1995년 약 88만 2,000만 명 남짓(약 60만 2,000가구)이었지만, 이후 가파르게 상승해 2009년 약 176년 3,000명(127만 4,000가구)로 늘어났다. 2014년 9월에는 약 216만 5,000명(약 161만 2,000가구)으로 꾸준히 증가하고 있다.

### 수급가구의 대다수를 차지하는 고령자 가구

2015년 2월 수급가구 내역을 살펴보면, 고령자 가구 약 76만 6,000, 한부모 가정 약 10만 9,000, 장애 및 질병이 있는 가구원을 둔 가구가 45만 5,000, 기타 가구가 약 27만 8,000가구로 구성되어 있다.

**〈생활보호 수급자 수 추이〉**

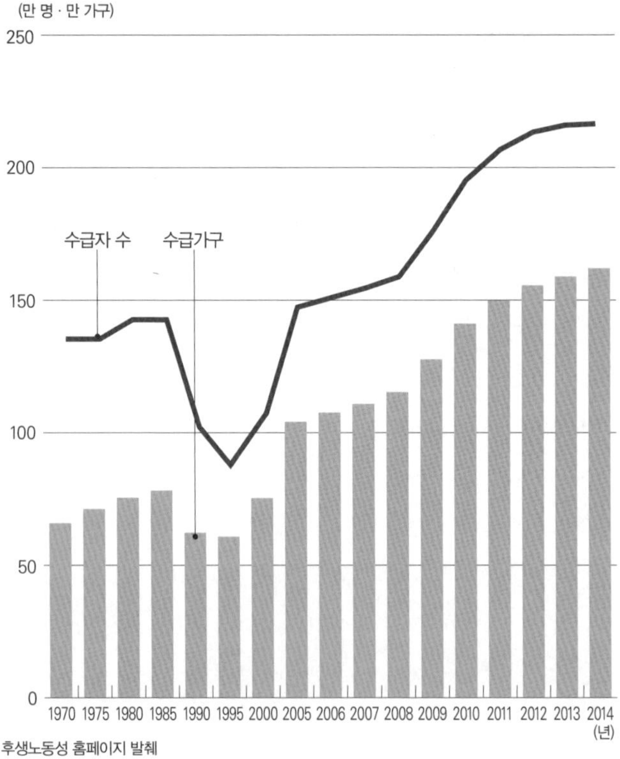


후생노동성 홈페이지 발췌

## ■ 지금 한국에서는 ■

### 〈국민기초생활보장 지역별 수급자 현황〉

| 행정구역별 | 2014년 | | |
|---|---|---|---|
| | 계 | 일반수급자 | 시설수급자 |
| 전국 | 1,328,713 | 1,237,386 | 91,327 |
| 서울특별시 | 206,687 | 194,808 | 11,879 |
| 부산광역시 | 126,962 | 120,989 | 5,973 |
| 대구광역시 | 93,539 | 87,833 | 5,706 |
| 인천광역시 | 72,113 | 67,594 | 4,519 |
| 광주광역시 | 59,598 | 56,432 | 3,166 |
| 대전광역시 | 43,469 | 40,133 | 3,336 |
| 울산광역시 | 15,363 | 14,396 | 967 |
| 세종특별자치시 | 3,274 | 2,677 | 597 |
| 경기도 | 189,400 | 175,449 | 13,951 |
| 강원도 | 54,841 | 50,943 | 3,898 |
| 충청북도 | 44,964 | 39,339 | 5,625 |
| 충청남도 | 53,288 | 48,695 | 4,593 |
| 전라북도 | 87,008 | 81,465 | 5,543 |
| 전라남도 | 75,501 | 69,446 | 6,055 |
| 경상북도 | 95,609 | 88,356 | 7,253 |
| 경상남도 | 86,996 | 80,872 | 6,124 |
| 제주특별자치도 | 20,101 | 17,959 | 2,142 |

출처 : 보건복지부 2015년 갱신 자료

## ■ 지금 한국에서는 ■

〈국민기초생활보장수급자 현황 특성별(가구 수)〉

| 가구 특성별 | 2014년 | | | | | | | | |
|---|---|---|---|---|---|---|---|---|---|
| | 전국 | 서울 특별시 | 부산 광역시 | 대구 광역시 | 인천 광역시 | 광주 광역시 | 대전 광역시 | 울산 광역시 | 세종 특별 자치시 |
| 합계 | 814,184 | 129,895 | 81,570 | 54,306 | 42,975 | 31,960 | 24,618 | 10,193 | 1,787 |
| 가구원수 – 1인가구 | 557,275 | 89,797 | 56,781 | 34,005 | 28,075 | 18,441 | 15,682 | 7,624 | 1,249 |
| 세대구분 – 노인세대 | 236,548 | 40,396 | 22,903 | 13,258 | 12,147 | 6,352 | 6,105 | 2,937 | 525 |
| 세대구분 – 일반세대 | 251,333 | 39,296 | 27,753 | 19,771 | 12,733 | 10,995 | 8,240 | 3,070 | 568 |
| 세대구분 – 장애인 세대 | 178,397 | 25,682 | 16,257 | 9,667 | 8,782 | 6,524 | 5,470 | 2,282 | 361 |
| 세대구분 – 모자세대 | 74,925 | 12,387 | 7,697 | 7,054 | 4,870 | 5,104 | 2,979 | 777 | 126 |
| 세대구분 – 부자세대 | 18,362 | 2,636 | 2,053 | 1,545 | 1,035 | 1,117 | 673 | 237 | 27 |
| 세대구분 – 소년소녀 가정 | 5,882 | 571 | 480 | 275 | 318 | 290 | 102 | 98 | 8 |
| 세대구분 – 미혼부모 세대 | 541 | 69 | 69 | 44 | 34 | 40 | 17 | 7 | 0 |
| 세대구분 – 조손세대 | 6,706 | 677 | 433 | 278 | 306 | 214 | 146 | 103 | 13 |

| 가구 특성별 | 2014년 | | | | | | | | |
|---|---|---|---|---|---|---|---|---|---|
| | 경기도 | 강원도 | 충청북도 | 충청남도 | 전라북도 | 전라남도 | 경상북도 | 경상남도 | 제주특별자치도 |
| 합계 | 119,755 | 34,212 | 26,800 | 32,602 | 50,515 | 46,106 | 60,038 | 55,858 | 10,994 |
| 가구원수 – 1인가구 | 85,209 | 23,845 | 19,008 | 22,858 | 32,778 | 32,025 | 42,370 | 40,338 | 7,190 |
| 세대구분 – 노인세대 | 38,856 | 10,389 | 7,753 | 9,951 | 13,002 | 14,541 | 17,476 | 16,451 | 3,506 |
| 세대구분 – 일반세대 | 32,532 | 10,240 | 8,054 | 8,979 | 16,493 | 12,452 | 19,994 | 17,276 | 2,887 |
| 세대구분 – 장애인세대 | 26,212 | 7,707 | 6,859 | 8,634 | 12,370 | 12,305 | 13,321 | 13,633 | 2,331 |
| 세대구분 – 모자세대 | 10,364 | 2,628 | 1,921 | 2,304 | 4,421 | 2,858 | 4,348 | 3,816 | 1,271 |
| 세대구분 – 부자세대 | 2,383 | 714 | 497 | 592 | 1,077 | 941 | 1,295 | 1,151 | 389 |
| 세대구분 – 소년소녀가정 | 1,054 | 386 | 253 | 261 | 441 | 499 | 354 | 431 | 61 |
| 세대구분 – 미혼부모세대 | 95 | 21 | 16 | 12 | 34 | 9 | 22 | 42 | 10 |
| 세대구분 – 조손세대 | 1,223 | 471 | 263 | 352 | 426 | 617 | 579 | 420 | 185 |

출처 : 보건복지부 2015년 갱신 자료

## 중앙과 지방에서 부담을 분담

정부에서 지출하는 생활보호 수당은 2015년 전년 대비 180억 엔 줄어든 약 2조 9,000억 엔이다. 이는 사회보장관계 예산 31조 5,000억 엔의 9.2%에 불과하다. 생활보호 수당은 중앙정부가 4분의 3, 지방자치단체가 4분의 1을 부담하는데, 자치단체에 따라 보호 비율이 달라져 부담하는 액수에 차이가 난다.

## 예산을 삭감하는 방향

생활보호 수당 부담액은 점차 삭감하는 방향으로 예산을 편성하고 있다. 생활보호 기준을 2013년 8월부터 3단계로 수정하여 2015년도까지 670억 엔(국비 기반)을 삭감할 예정이다.

생활보호를 받기 전 단계에서 자립지원책을 강화하고, 2015년 4월부터 생활곤궁자 자립지원법을 시행했다. 그러나 생활보호 기준을 강화한 데 대한 비판의 목소리가 높아지고 있다.

## 선진국에 비해 턱없이 낮은 지원율

일본은 다른 선진국에 비해 생활보호 지원율이 턱없이 낮은 수준으로 향후 개선이 필요하다. 이는 생활보호를 받아야 하는 대상자 중 현재 실제로 혜택받고 있는 사람의 비율이 낮다는 뜻이다. 프랑스는 90% 이상이지만, 일본은 30% 수준에 머무르고 있다.

그러나 연구자들에 따르면, 실질적으로 일본에서 생활보호를 받는 사람은 20%에 불과하다고 한다. 나머지 80% 이상의 사람들이 생활보호제도의 혜택을 거의 받지 못하는 실정이다.

## 신청절차가 까다로워졌다

2013년 12월에 생활보호법이 개정되어 한층 엄격한 절차를 거쳐야 생활보호 신청이 가능해졌다. 기존에는 구두로도 가능했지만 법률 개정 후에는 반드시 서면으로 신청해야 하며, 엄정한 조사가 이루어진다. 일각에서는 신청절차는 까다로워지고, 기준이 강화되며, 신청을 해도 생활보호 수당을 받는다는 보장이 없게 되며, 아예 생활보호 신청을 단념하는 사람이 늘어났다는 지적도 제기되고 있다.

예산을 줄이기보다 자립을 지원하고 창업을 지원하는 등 다른 수단을 마련해야 한다는 주장이 힘을 얻고 있다.

## 웰컴 투 더 헬 저팬 ❺

# 전체 가구 중 3분의 1이 전혀 저축을 못한다고?

저축 0원 가구 : 30.4% (금융광보중앙위원회)

가계 저축률 : -1.3% (2013년도) (내각부)

### 금융자산은 5년 사이에 100만 엔이나 감소

2014년 6~7월, 일본은행 내에 사무국을 둔 금융광보중앙위원회가 세대주가 20세 이상이고 세대원이 2명 이상인 가구의 가계 금융 행동을 심층 여론조사했다. 조사 결과에 따르면, 그들의 금융자산 보유액의 평균치는 400만 엔 정도라고 한다.

2010년부터 추이를 살펴보면, 500만 엔 → 420만 엔 → 450만 엔 → 330만 엔 → 400만 엔으로 해가 갈수록 줄어들고 있다. 금융 상품별 구성을 들여다보면, 저축 54.1%, 생활보험 18%, 유가증권 16.8%로 이루어져 있다.

### 30.4%가 '저축 없음'

'저축 없음' 항목, 즉 '금융자산을 보유하고 있지 않다'라고 응답한 30.4%에 주목해야 한다. 예전 조사에서는 31.0%, 약 3분의 1에 못 미치는 가구가 저축을 하지 못한다고 대답했다.

## 마이너스로 돌아선 저축률

2014년 12월, 저축과 관련해 내각부 '국민경제 계산 연보'의 가계 저축률을 확인해보면 2013년에는 마이너스 1.3%로 저축률이 사실상 마이너스로 돌아섰다. 1995년 9.6%였던 가계 저축률은 2007년 0.3%까지 내려갔다.

이후 일시적으로 저축률이 회복되어 2009년에는 2.6%까지 올라갔지만, 2011년 급격히 추락했다. 이로써 마침내 저축률 마이너스 시대에 접어들었다. 현재 상황은 비교 가능한 통계가 있는 1995년 이후 최초라고 한다. 저축률 마이너스는 저축할 돈이 없

〈가계 저축률 마이너스 시대로〉

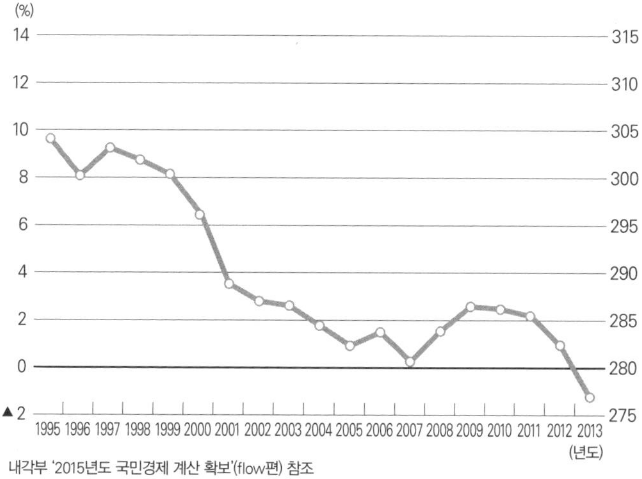


내각부 '2015년도 국민경제 계산 확보'(flow편) 참조

주: 가계저축률=(가계 가처분 소득+연금기금 연금 준비금 변동〈수취〉–가계 최종소비지출)÷(가계 가처분 소득+연금기금 연금 준비금의 변동〈수취〉)

■ 지금 한국에서는 ■

〈국제통계연감 가계저축〉

| 국가 | 2013년 | 2012년 |
|---|---|---|
| 한국(단위 %) | 5.15 | 3.90 |
| 일본(단위 %) | −0.05 | 1.36 |

출처 : 통계청 2015년 갱신 자료

어 금융자산을 축내며 생활을 꾸려나갈 정도로 쪼들리는 가구가 많음을 의미한다.

### 저축률 마이너스 사태에 박차를 가하는 고령화

일본인은 개미처럼 부지런히 일해 한푼 두푼 저축을 늘려가는 재미로 사는 민족이라는 말을 들을 정도로 저축을 생활화한다. 그러터라, 지금까지 다른 나라들에 비해 상대적으로 높은 저축률을 자랑해왔다. 사정이 그렇다 보니, 현재의 저축률 마이너스 사태가 일본 국민들에게 매우 큰 충격으로 다가오는 것은 당연한 일이다. 아무튼, 일부 연구자들은 저축률 마이너스 사태가 대외경제 관계를 비롯한 일본 경제의 다양한 측면에 상당한 영향을 줄 수 있다고 지적한다.

가계 저축률이 마이너스로 내려간 원인을 고령화에서 찾는 연구자도 적지 않다. 즉, 연금만으로 가계를 꾸려나가기 힘들기 때문에 저축을 헐어 생활비를 충당하는 가정이 늘어났다는 분석이다.

## 82%의 사람이 '노후를 걱정'

'가계 금융행동에 관한 조사'에서도 금융자산을 보유하는 목적을 '노후 생활자금'이라고 대답한 사람이 65.8%에서 67.8%로 지난번 조사에 비해 늘어났다.

그러나 한편에서는 노후 생활이 '걱정스럽다(매우 걱정+약간 걱정)'라고 대답한 사람이 81.6%에서 82.7%로 지난번 조사에 비해 늘어났다.

노후가 걱정되는 이유로는 '연금과 보험이 충분하지 않아서'가 74.9%(지난 조사 73.7%), '금융자산이 충분하지 않아서'가 70.5%(지난 조사 69.6%)였다.

일본이라는 나라 전체에 여유가 사라지고 갈수록 빡빡해지고 있다. 우선 일정한 금액(대략 수입의 4분의 1)을 악착같이 저축하고, 힘들어도 어떻게든 허리띠를 바짝 졸라매는 식으로 저축을 우선시하는 생활습관이 뒷받침되지 않는 한 돈이 모이지 않는다.

궁지에 몰린 사회 ❶

# 아파도 병원에 가지 못하는 사람들

국민건강보험 · 보험료 체납 : 약 372만 가구
(가입 가구의 18.1%)

## 국민건강보험 가입자는

국민건강보험은 지역 가입자와 직장 가입자로 나뉜다. 직장 가입자는 회사가 가입하는 국민건강보험조합에서 운영하는 건강보험에 가입하기 위해 급여에서 다달이 일정액이 공제된다. 자영업자나 연금생활자, 비정규직 근로자 등은 지역 가입자로 편입되어 매년 6월에 건강보험 청구서를 받고 주민으로 등록된 지방자치단체에 건강보험료를 납부해야 한다. 가입자는 2012년 지역과 직장 가입자를 모두 합해 약 3,768만 명에 달한다. 전 국민의 약 30%가 국민건강보험에 가입하고 있다.

## 5.5가구당 1가구가 보험료를 내지 못한다

후생노동성의 2013년도 자료를 보면, 지역 가입자 5.5가구당 1가구가 보험료를 체납한 상태다.

직업이 없는 사람이나 저임금으로 일하는 비정규직 근로자가

■ 소득 대비 보험료(세) 부담 상황

| 소득 계급 | 보험료(세) (의료 급부비+후기 고령자 지원금) | | |
|---|---|---|---|
| | 1가구 당 금액 | 소득 대비 비율 | 과세표준액 대비 비율 |
| | 앤 | % | % |
| 총수 | 143,145 | 10.1 | 12.6 |
| 소득 없음 | 27, 449 | – | – |
| ~30만 엔 미만 | 29,241 | 19.4 | – |
| 30만 엔 이상~ 40만 엔 미만 | 43,246 | 12.5 | 212.8 |
| 40만 엔 이상~ 60만 엔 미만 | 63,157 | 12.6 | 39.5 |
| 60만 엔 이상~ 80만 엔 미만 | 88,365 | 12.6 | 25.5 |
| 80만 엔 이상~ 100만 엔 미만 | 111,921 | 12.4 | 20.8 |
| 100만 엔 이상~ 150만 엔 미만 | 149,339 | 12.0 | 17.2 |
| 150만 엔 이상~ 200만 엔 미만 | 198, 971 | 11.5 | 14.9 |
| 200만 엔 이상~ 250만 엔 미만 | 244,651 | 11.0 | 13.6 |
| 250만 엔 이상~ 300만 엔 미만 | 287,824 | 10.5 | 12.7 |
| 300만 엔 이상~ 400만 엔 미만 | 348,061 | 10.2 | 11.9 |
| 400만 엔 이상~ 500만 엔 미만 | 439,094 | 9.9 | 11.3 |
| 500만 엔 이상~ 700만 엔 미만 | 539,235 | 9.2 | 10.3 |
| 700만 엔 이상~ 1,000만 엔 미만 | 619,217 | 7.5 | 8.1 |
| 1,000만 엔 이상~ | 639,229 | 3.1 | 3.2 |
| 소득 불상 | 123,718 | … | … |

후생노동성 '국민건강보험 실태 조사 보고(2011년도)' 참조

주: 위 표는 2011년 9월 말을 기준으로 지역 가입자가 납부한 2011년도 보험료(세) 조정액 및 2010년 소득 및 과세 기준액을 비교한 것

증가하며 보험료를 납부하지 못하는 가구가 늘어나고 있는 것으로 추정된다. 아파서 병원에 가려면 건강보험이 필요하다. 어지간히 형편이 어렵지 않은 한 보험료는 꼬박꼬박 내기 때문이다.

## ■ 지금 한국에서는 ■

〈건강보험 체납 현황〉 2009.11.10. 기준(단위 : 세대, 100만 원)

| 구분 | 2007년 | | 2008년 | | 2009년10월 | |
|---|---|---|---|---|---|---|
| 소득등급 | 체납세대수 | 체납보험료 | 체납세대수 | 체납보험료 | 체납세대수 | 체납보험료 |
| 합계 | 1,631,878 | 1,477,879 | 1,574,534 | 1,495,946 | 1,560,024 | 1,603,413 |
| 소득없음 | 1,493,327 | 1,281,930 | 1,422,191 | 1,258,978 | 1,419,846 | 1,357,579 |
| 1분위 | 105,113 | 136,354 | 115,362 | 164,276 | 107,765 | 169,527 |
| 2분위 | 23,351 | 38,332 | 25,314 | 46,098 | 22,286 | 47,292 |
| 3분위 | 7,370 | 14,363 | 8,617 | 18,276 | 7,470 | 19,205 |
| 4분위 | 2,000 | 4,601 | 2,306 | 5,747 | 1,949 | 5,941 |
| 5분위 | 485 | 1,204 | 538 | 1,634 | 518 | 2,086 |
| 6분위 | 129 | 440 | 131 | 493 | 111 | 678 |
| 7분위 | 103 | 655 | 75 | 444 | 79 | 1,105 |

※ 각 연도 말 누적 통계임
※ 소득등급(70등급) 기준 7분위 현황(1분위: 소득 1~10등급)임
출처 : 국민건강보험 공단 자격징수실 2009년 국정감사 제출 자료

## ■ 지금 한국에서는 ■

〈건강보험 급여 제한 세대 및 인원수〉 2009. 4. 30 기준(단위: 천 세대, 천 명, %)

| 구분 | | 가입자 | 급여제한중 | 비율 |
|---|---|---|---|---|
| 2009. 4 | 세대 | 19,044 | 1,105 | 5.8 |
| | 인원 | 48,383 | 2,172 | 4.5 |
| 2008 | 세대 | 18,846 | 1,193 | 6.3 |
| | 인원 | 48,160 | 2,314 | 4.8 |

| | | | | |
|---|---|---|---|---|
| 2007 | 세대 | 18,538 | 2,087 | 11.3 |
| | 인원 | 47,820 | 3,901 | 8.2 |
| 2006 | 세대 | 17,859 | 1,361 | 7.6 |
| | 인원 | 47,410 | 2,673 | 5.6 |
| 2005 | 세대 | 17,502 | 1,592 | 9.1 |
| | 인원 | 47,392 | 2,921 | 6.2 |

| 구분 | | 급여제한세대 | 비중(%) | |
|---|---|---|---|---|
| 합계 | | 1,104,859 | | |
| 지역 무자격자 | | 302,353 | – | |
| 지역 자격 유지자 | 무자료 | 640,994 | – | |
| | 소득 파악자 합계 | 161,512 | 비중 | 누적 비중 |
| | 100만 원 미만 | 13,635 | 8.44 | 8.44 |
| | 1~300만 원 미만 | 13,782 | 8.53 | 16.98 |
| | 3~500만 원 미만 | 8,612 | 5.33 | 22.31 |
| | 0.5~1,000천만 원 미만 | 15,916 | 9.85 | 32.16 |
| | 1~5,000만 원 미만 | 71,864 | 44.49 | 76.66 |
| | 0.5~1억 원 미만 | 21,363 | 13.23 | 89.88 |
| | 1~2억 원 미만 | 10,257 | 6.35 | 96.23 |
| | 2~3억 원 미만 | 2,899 | 1.79 | 98.03 |
| | 3~4억 원 미만 | 1,229 | 0.76 | 98.79 |
| | 4~5억 원 미만 | 620 | 0.38 | 99.17 |
| | 5~6억 원 미만 | 368 | 0.23 | 99.40 |
| | 6~7억 원 미만 | 257 | 0.16 | 99.56 |
| | 7~8억 원 미만 | 169 | 0.10 | 99.67 |
| | 8~9억 원 미만 | 109 | 0.07 | 99.73 |
| | 9~10억 원 미만 | 82 | 0.05 | 99.78 |
| | 10~20억 원 미만 | 336 | 0.21 | 99.99 |
| | 20억 원 이상 | 14 | 0.01 | 100.00 |

※ 급여제한세대 및 급여제한자 수는 연도 말 누적 수치임

※ 건강보험공단이 지난 2009년 7일 국정감사에 제출한 자료에 따르면, 2009년 4월 30일을 기준으로 건강보험 급여 제한 세대는 110만 5,000세대에 달하며, 총 217만 2,000명이 의료 사각지대에 내몰린 상황임

〈건강보험 급여제한자 보유재산 현황(지역가입자)〉 (단위: %)

※ 보유재산 = 과표재산(건물+주택+토지)

※ 지역무자격자: 의료급여자, 직장가입자 및 피부양자 등

※ 비중은 소수점 2자리 이하를 반올림한 값이고, 누적비중은 소수점 2자리 이하 수까지 더해진 것이므로 약간의 오차가 있을 수 있음

출처: 2009년 국민건강보험공단 국정감사 제출 자료

## 체납가구가 많은 수도권

지역별 체납가구는 도쿄를 포함한 수도권(24.1%), 구마모토현(21.6%), 지바현(21.2%), 사이타마현(21.1%), 오사카부 · 가나가와현(21.0%) 순이다.

## 건강 보험료를 체납하면 일어나는 일

건강 보험료를 체납한 세대는 납기일이 지난 다음 날 이후로 통지서 등을 보내 납부를 독촉한다. 그래도 납부하지 않으면 통상적인 보험증이 아닌 유효기한이 몇 개월로 정해진 '단기 피보험자증'이 교부된다.

체납 기간이 1년 이상으로 길어지면 '피보험자 자격 증명서'로 전환된다. 이 경우, 병원비 전액을 본인이 부담해야 한다. 1년 반 이상 건강 보험료를 체납하면 고액 의료비 등의 보험급부가 사실상 모두 정지된다.

## 압류 금액만 해도 약 900억 엔

건강 보험료를 체납한 가구 중에서도 지자체가 '악성 체납자'로 판단한 경우에는 압류가 진행된다. 2012년 한 해에만 24만 3,540건의 압류가 실시되어, 압류 금액만 해도 896.3억 엔을 넘어섰다.

건강 보험료를 체납해 병원비가 무서워 아파도 병원에 갈 수 없는 상황을 피하고 싶다면 생활에 필요한 경비는 늘 우선순위를 정해두고 계획적으로 소비하고 지출해야 한다.

### 궁지에 몰린 사회 ❷

# 끼니를 걱정해야 하는 시대가 온다

식량 자급률 : 칼로리 기준 = 39%
식량 자급률 : 생산액 기준 = 65%
(2013년도 · 농림수산성)

## 일본산 식재료로 어느 정도 충당할 수 있을까?

식량 자급률이란 국내에서 소비하는 식재료를 국산으로 어느 정도 충당할 수 있는지를 보여주는 비율이다.

식량 자급률을 표시하는 방법에는 단순히 무게로 계산할 수 있는 품목별 자급률과 식재료 전체에 공통된 기준을 적용해 단위를 만들어 계산하는 종합 식량 자급률이 있다.

종합 식량 자급률은 열량(칼로리)으로 환산하는 칼로리 기준과 금액으로 환산하는 생산액 기준이 있다.

## 선진국 중에서도 일본은 자급률이 낮은 국가

2013년에 조사된 칼로리 기준 자급률 39%는 국민 1인이 1일 섭취하는 국산 식재료 공급 열량(939칼로리)을, 수입 농산물을 포함한 공급 열량(2,424칼로리)로 나눈 결과다.

〈일본의 식량 자급률은 선진국 중 꼴찌〉

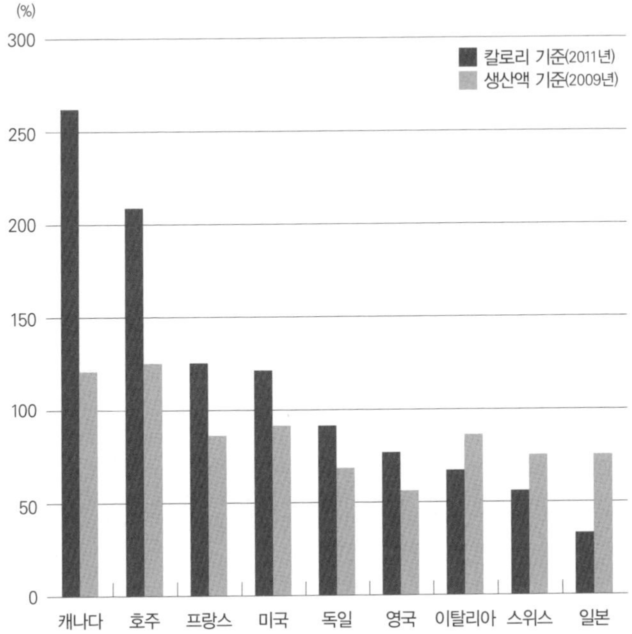


농림수산성 '식량 수급표', FAO 'Food Balance Sheets' 참조

2011년 칼로리 기준 자급률을 여타 선진국의 수치와 비교하면 캐나다 258, 호주 205, 프랑스 129, 미국 127, 독일 92 등으로, 일본은 상당히 낮은 수준이다.

## 자급 목표를 낮춰 잡았지만

정부는 2015년 4월말, 앞으로 10년간의 농업정책 방향성을 제시하는 '식량 · 농업 · 농촌 기본 계획'을 결정했다. 5년 후인 2020년

■ 지금 한국에서는 ■

〈우리나라 식량자급률〉

| 분석 연도 | 2003 | 2004 | 2005 | 2006 | 2007 | 2008 | 2009 | 2010 | 2011 | 2012 |
|---|---|---|---|---|---|---|---|---|---|---|
| 식량 자급률 (단위 %) | 53.3 (99.81) | 50.2 (94.01) | 53.4 (100) | 52.7 (98.69) | 51.6 (96.63) | 51.8 (97) | 56.2 (105.24) | 54.0 (101.12) | 45.3 (84.83) | 45.3 (84.83) |

출처 : 녹색성장 지표 포털 http://green.kostat.go.kr 2013년 보고서

〈우리나라의 사료를 포함한 곡물자급률〉

| 관련지표 | 단위 | 2007 | 2008 | 2009 | 2010 |
|---|---|---|---|---|---|
| 곡물자급률 | % | 27.2 | 27.8 | 29.6 | 26.7 |

출처 : 녹색성장 지표 포털

※ 이코노미스트 인텔리전스 유닛(EIU)의 '2015년 세계식량안보지수(GFSI)'에 따라 한국은 109개 국가 중 26위로 식량안보 차원에서 곡물자급 증대 등 대책 마련이 시급하다.
※ 2014년 우리나라의 곡물자급률은 전년(23.3%p) 대비 0.7% 포인트 상승한 24.0%로 집계, 곡물자급률은 2009년 이후 줄곧 20%대를 유지하고 있다.
※ 식량자급률은 전년(47.5%) 대비 2.3%p 상승한 49.8%로 집계되었다.
※ 식량자급률은 2011년 이후 지속해서 상승하고 있으며, 곡물자급률은 2009년 이후 하락하였으나, 2014년에 처음으로 상승했다.
출처 : 농림축산식품부 2015년 7월 3일자 보도자료

까지 칼로리 기준 식량 자급률 목표를, 현행 50%에서 45%로 낮추는 계획을 발표했다. 자급률이 4년 연속 39% 수준에 머물며 좀 더 현실적인 수치로 수정했다고 볼 수 있다.

## 생산액 기준으로는 70%지만 자급률은 낮다

한편 생산액 기준(2009년도)을 살펴보면 일본은 70% 수준으로, 호주 128, 캐나다 121, 미국 92, 프랑스 83, 이탈리아 80보다 낮고, 독일

70, 스위스 70의 비슷한 수준으로, 영국 58보다는 높다.

국가별 수치를 비교해보면, 일본의 자급률은 다른 선진국에 비해 낮은 수준임을 알 수 있다.

품목별 자급률은 특히 낮아 사료용 옥수수 0%, 대두 7%, 육류 8%, 밀가루 12%, 우유와 유제품 27%로 매우 저조하다.

### 식량 수요는 늘어나는데

일본의 총인구는 감소하고 있지만, 전 세계적으로는 개발도상국을 중심으로 인구가 증가하고 있다. 총무성 통계국에서 작성한 통계를 참고하면, 2050년 세계 총인구는 95억 5,000만 명이라고 한다.

인구가 늘어남에 따라 식량 전체 수요는 2000년 대비 1.6배 증가, 곡물은 1.7배나 수요가 늘어날 전망이다. 전체적으로 식량 수요가 폭발적으로 증가할 수 있다.

### 불안스러운 식량 자급률

내각부 조사에 따르면, 일본 국민 82%가 현재의 식량 공급에 '불안을 느낀다'라고 대답했다.

그러나 현실은 다르다. 사람들은 식량 자급률이 터무니없이 낮다고 비판하며 불안에 떤다. 그러면서도 아이러니하게 동시에 날마다 엄청난 양의 음식이 버려진다. 필요한 만큼만 만들고 알뜰하게 소비하겠다는 식생활 의식개선 없이는 식량 문제는 해결되기 힘들다.

### 궁지에 몰린 사회 ❸

# 멀쩡한 음식이 쓰레기로 버려진다

먹을 수 있는데 버려지는 음식물 쓰레기:

**연간 500~800만 톤**

(농림수산성)

## 생산량의 3분의 1을 폐기하다

전 세계적으로 먹을 것이 없어 굶주리다 죽어가는 사람들은 점점 줄어드는 추세라고 한다. 그러나 아직도 약 8억 7,000만 명(세계 인구 8명 중 1명꼴)이 굶주림에 시달리고 있다.

그런데도 농부가 생산해 소비자의 식탁에 오를 때까지의 전체 유통 과정에서 세계 생산량의 3분의 1에 해당하는 약 13억 톤이 선진국의 소비 단계에서 그대로 버려진다(농림수산성 '음식물 쓰레기를 줄이기 위해' 2013년 9월).

## 멀쩡한 음식이 쓰레기통으로 들어간다

일본에서만도 연간 약 1,700만 톤의 음식물이 버려진다. 이 중 먹을 수 있는데 버려지는 음식(식품 손실, food losses)이 연간 약 500~800만 톤으로 집계된다.

언제 어떻게 무엇이 버려지는지를 들여다보면, 식품 관련업자(상품제조 · 도매 · 소매 · 외식산업)가 배출하는 폐기물 1,713만 톤 중 규격외품, 반품, 재고, 잔반 등으로 버려진 먹을 수 있는 음식으로 추정되는 양이 300~400만 톤으로, 일반 가정 폐기물 1,072만 톤 중 잔반, 자투리 재료, 직접 폐기 등으로 버려진 먹을 수 있는 음식으로 추정되는 양이 200~400만 톤으로 조사되고 있다.

이렇게 버려지는 음식물은 일정 부분 동물의 먹이나 비료 등으로 재활용되고, 대부분은 그대로 소각되거나 매립 처분된다. 안타깝게도, 지금 이 순간에도 멀쩡한 음식이 쓰레기통에 버려지고 있다.

### 잔반의 대부분은 채소와 곡물

식당 등지에서 버려지는 음식물 쓰레기에는 손님이 먹다 남긴 잔반뿐 아니라 제조와 조리단계에서 과도하게 발생하는 자투리와 껍질 등이 포함된다. 주로 채소와 곡물이 버려진다. 일반 가정에서는 껍질을 두껍게 깎거나, 조리 과정에서 제거한 비계 등이 음식물 쓰레기로 버려진다. 또 한 번 먹을 양 이상으로 많이 만들어 먹고 남은 음식이나 냉장고에 넣어두었다 깜빡해 유통기한이 지난 식재료들도 음식물 쓰레기통으로 직행한다.

### 유통기한이 남은 음식도 버려진다

손도 대지 않고 고스란히 쓰레기통으로 들어가는 음식물 중 약 24%는 유통기한이 반년 이상 지났지만, 같은 비율로 유통기한이

남은 음식도 버려진다. 즉, 유통기한이 채 지나지 않은 24%의 식품이 음식물쓰레기로 버려지는 셈이다. 그중에는 유통기한이 일주일 이상 남은 음식이 19%나 된다고 하니 안타까운 일이 아닐 수 없다.

### 유통기한의 올바른 의미

가공식품에는 '유통기한'과 '품질유지기한'이 표시되어 있다. 유통기한은 기한이 지나면 안전성을 담보할 수 없지만, 품질유지기한은 고유의 품질이 유지될 수 있는 기한으로, 그로부터 일정 기간 경과해도 판매할 수 있다.

### 산더미 같은 음식이 버려진다

농림수산성에 따르면, 일본에서는 연간 약 500~800만 톤에 달하는 음식물쓰레기가 발생한다. 이는 전 세계의 식량 원조량(2011년 기준)의 약 2배에 달하는 양이며, 동시에 일본 국내 쌀 생산량(2012년 기준)과 맞먹는 양이다. 또 일본이 ODA(official development assistance, 공적 개발 원조) 원조(2009년 기준)로 식량 등을 지원하는 아프리카의 나미비아와 앙골라 민주공화국 등 3개국에 보내는 원조식량의 양과 맞먹는다.

개인적으로는 음식물쓰레기를 양산하는 무제한 식당과 각종 뷔페를 줄여나가야 한다는 생각이다.

일본의 음식물쓰레기 배출량
500~800만 톤

\>

전 세계 식량 원조량
(2011년)
약 400만 톤

사업체에서
배출하는 쓰레기 중
먹을 수 있는 음식의 양
300~400만 톤
규격외품, 반품, 재고, 잔반

≒

일본 국내 쌀 수확량
(2012년)
약 850만 톤

가정에서
배출하는 쓰레기 중
먹을 수 있는 음식의 양
200~400만 톤
잔반, 조리 과정에서 과도하게 배출되는
자투리 재료, 직접 폐기

≒

나미비아, 라이베리아,
앙골라 민주공화국
3개국에 지원하는 원조 식량
(2012년)
약 600만 톤

농림수산성 '일본의 음식물쓰레기 배출량' 참조

## ■ 지금 한국에서는 ■

**〈음식물쓰레기 발생 현황 발생원별 발생량〉**

| 구분 | 구분 | 2006년 | | | | | |
|---|---|---|---|---|---|---|---|
| | | 합계<br>(g/일/인) | 음식물별 발생량 | | | | |
| | | | 채소 및<br>과일류 | 곡류 | 육류 | 침출수 | 기타 |
| 가정 | 평균 | 142.10 | 85.90 | 27.70 | 6.30 | 8.40 | 13.80 |
| 비가정 | 평균 | 571.50 | 295.60 | 111.70 | 46.50 | 38.40 | 79.30 |

출처 : 환경부 환경통계포털 2006년 조사

〈농작물 생산량(쌀)〉

| 국가 | 2014 | | 2013 | | 2012 | |
|---|---|---|---|---|---|---|
| | 쌀 (M/T) | 경작면적당 생산량 (kg/ha) | 쌀 (M/T) | 경작면적당 생산량 (kg/ha) | 쌀 (M/T) | 경작면적당 생산량 (kg/ha) |
| 한국 | 5,637,682 | 6,913 | 5,631,689 | 6,764 | 5,405,155 | 6,365 |
| 일본 | – | – | 10,758,000 | 6,728 | 10,654,000 | 6,739 |

출처 : 통계청 국제통계연감 2015년 갱신 자료

〈우리나라의 공적개발원조(ODA) 지원 규모(순지출 기준)〉

| 지원방법별 | 지원방법별 | 지원방법별 | 2013 | 2012 | 2011 |
|---|---|---|---|---|---|
| ODA규모(백만 불) | 소계 | 소계 | 1,755.4 | 1,597.5 | 1,324.6 |
| | 양자간 | 소계 | 1,309.6 | 1,183.2 | 989.6 |
| | | 유상 | 500.6 | 468.3 | 414.6 |
| | | 무상 | 809.0 | 714.9 | 575.0 |
| | 다자간 | 소계 | 445.8 | 414.3 | 335.0 |
| GNI 대비(%) | 소계 | 소계 | 0.13 | 0.14 | 0.12 |
| 1인당ODA(불) | 소계 | 소계 | 35.1 | 31.9 | 26.6 |

출처 : 기획재정부 공적개발원조 실적 통계 2015년 갱신 자료

약자에게 무자비한 도시와 농촌 ❶

# 학자금 대출을 갚을 길이 없다

학자금 대출 3개월 이상 연체자 : 약 18만 7,000명
(일본 학생지원기구)

연체자 연소득 300만 엔 미만 : 80.2%(연체자 중)

## 언젠가 갚아야 할 학자금 대출

학자금 대출 중에는 받은 돈을 갚을 필요가 없는 장학금 형태의 대출도 있다. 그러나 대부분 학생이 이용하는 학자금 대출은 언젠가 갚아야 하는 일본 학생지원기구(이하 기구)에서 주관하는 학생 전용 대출이다. 기구의 학자금 대출은 무이자인 1종 장학금과 이자가 붙은 2종 장학금이 있다. 둘 다 장학금이라는 이름이 붙기는 했지만, 대학을 졸업하고 사회인이 되면 언젠가는 갚아야 하는 돈이다.

2013년 연말을 기준으로 학자금 대출 만기가 도래한 사람은 342만 4,000명. 이 중 하루 이상 연체된 사람은 33만 4,000명, 3개월 이상 연체한 사람은 18만 7,000명에 달한다.

## 연체자 대부분이 저소득자

젊은이들의 고용 형태는 예나 지금이나 큰 변화가 없다. 거품경제가 무너지고 취업빙하기를 겪으며 저임금 비정규직 고용이 늘어

**〈학자금 대출 연체와 연소득 관계〉**

| 구분 | 연체자 | | 무연체자 | |
|---|---|---|---|---|
| | 인원 수 (명) | 비율 (%) | 인원 수 (명) | 비율 (%) |
| 0엔 | 592 | 15.1 | 167 | 6.7 |
| 1엔~100만 엔 미만 | 754 | 19.3 | 232 | 9.3 |
| 100만~200만 엔 미만 | 937 | 24.0 | 382 | 15.4 |
| 200만~300만 엔 미만 | 852 | 21.8 | 636 | 25.6 |
| 300만~400만 엔 미만 | 430 | 11.0 | 486 | 19.6 |
| 400만~500만 엔 미만 | 198 | 5.1 | 287 | 11.6 |
| 500만~600만 엔 미만 | 82 | 2.1 | 127 | 5.1 |
| 600만~700만 엔 미만 | 34 | 0.9 | 67 | 2.7 |
| 700만~800만 엔 미만 | 15 | 0.4 | 40 | 1.6 |
| 800만~900만 엔 미만 | 5 | 0.1 | 13 | 0.5 |
| 900만~1,000만 엔 미만 | 9 | 0.2 | 12 | 0.5 |
| 1,000만 엔 이상 | 4 | 0.1 | 34 | 1.4 |
| 합계 | 3,912 | 100.0 | 2,483 | 100.0 |

일본 학생지원기구 '2013년 학자금 대출 연체자에 관한 조사 결과' 참조

났고, 정규직 근로자라고 해도 매년 임금이 오른다는 보장은 없는 시대가 되었다. 기구에서 발표한 '2013년 장학금 연체자에 관한 조사'에 따르면, 연체자의 연소득은 0엔(무수입)이 15.1%, 1엔~100만 엔 미만이 19.3%, 100만 엔~200만 엔 미만이 24.0%, 200만 엔~300만 엔 미만이 21.8%로 저소득자가 80% 이상을 차지한다. 졸업 후에도 형편이 나아지지 않아 대출받은 학자금을 갚을 여력이 없는 셈이다.

## 빚더미에 짓눌린 사회 초년생

대출(장학금 명목으로 지급되는 학자금 대출을 포함)까지 받아 대학에 갈 필요가 있느냐는 의견도 적지 않은 것이 사실이다. 그러나 대출을 받지 않고 학교를 다닐 뾰족한 수가 있는 것도 아니다.

### ■ 지금 한국에서는 ■

**〈2014년 취업 후 학자금 상환 현황〉**

| 소득종류별 | 2014년 | | | | | |
|---|---|---|---|---|---|---|
| | 상환대상 | | 상환실적 | | 미상환자 | |
| | 인원(명) | 금액(백만 원) | 인원(명) | 금액(백만 원) | 인원(명) | 금액(백만 원) |
| 합계 | 64,377 | 42,090 | 59,083 | 36,632 | 5,294 | 5,458 |
| 원천공제 (근로소득 등) | 59,271 | 35,482 | 55,910 | 32,872 | 3,361 | 2,610 |
| 종합소득 | 4,499 | 5,159 | 2,778 | 2,858 | 1,721 | 2,301 |
| 양도소득 | 270 | 640 | 162 | 358 | 108 | 282 |
| 상속·증여 | 337 | 809 | 233 | 544 | 104 | 265 |

출처 : 국세청 국세통계 2016년 갱신 자료

기구의 '2013년 학생 생활 조사'에서는 자택, 기숙사, 하숙 등에 사는 학생들의 연간 소득 199만 7,300만 엔 중 학자금 대출은 약 41만 엔(20.5%)으로 상당히 높은 비중을 차지한다.

기구 홈페이지에 있는 대출금 상환 공식에 따르면, 8만 엔을 4년 동안 이자 1%로 대출받으면 갚아야 할 총액이 약 426만 엔에 달한다. 이 금액을 20년에 걸쳐 매달 17만 737엔을 갚아나가야 한다. 후생노동성의 2014년 조사에 따르면, 대졸자의 초임 연봉은 약 200만 엔으로, 매달 2만 엔 전후의 대출금을 갚는다고 치면 상당한 부담으로 다가온다.

### 학자금 대출을 연체하면

학자금 대출을 연체하면 연체이자가 붙고, 보증인에게 청구서가 날아간다. 장기간 연체하면 압류, 강제집행 절차를 밟아 민사소송법에 기초한 법적 조치가 이루어진다. 물론, 빌린 돈은 갚아야 한다. 그러나 외국에서는 급여 형식으로 지급하는 장학금이 일반적인 데다 대학 때까지는 등록금이 공짜인 나라도 많다.

OECD '도표로 보는 교육 2014년판'에서도 일본에서 공적 장학금 혜택을 받는 학생 수가 지나치게 적다는 사실이 지적된다. '교육은 미래에 국가를 짊어질 세대를 위한 투자'라는 관점에서 일본에서도 장학금 제도를 개편해야 할 필요가 있다.

약자에게 무자비한 일본 ❷

# 외국인에게 일자리를 빼앗기는 사람이 늘어난다

외국이 근로자 : 78만 7,627명
(후생노동성)

## 역대 최고치를 경신

외국인 근로자 수는 2014년 10월 말을 기준으로 78만 7,627명으로 전년 동기 대비 약 7만 명(9.8%)이 증가하여 2년 연속 과거 최고치를 경신했다. 이러한 증가세는 엔지니어와 연구자 등 이른바 고학력 외국인 인재와 유학생 유입이 늘어난 데다 고용시장 전망이 약간이나마 개선되며 외국인 근로자 수도 덩달아 증가한 것으로 추정된다. 전문·기술 분야에는 14만 7,000명으로 약 1만 5,000명(11.1% 증가)이 증가했고, 자격 외 활동(유학)에는 약 12만 5,000명으로 약 2만 3,000명 증가(22.1% 증가)했다.

## 큰 폭으로 불어난 베트남과 네팔 출신 근로자

국적별로 보면 ① 중국(약 31만 2,000명, 전체의 39.6%), ② 브라질(약 9만 4,000명, 12%), ③ 필리핀(약 9만 1,000명 11.6%), ④ 베트남(약 6만 1,000명, 7.8%) 순이다.

**〈국적별 외국인 근로자 비율〉** 후생노동성 홈페이지 참조

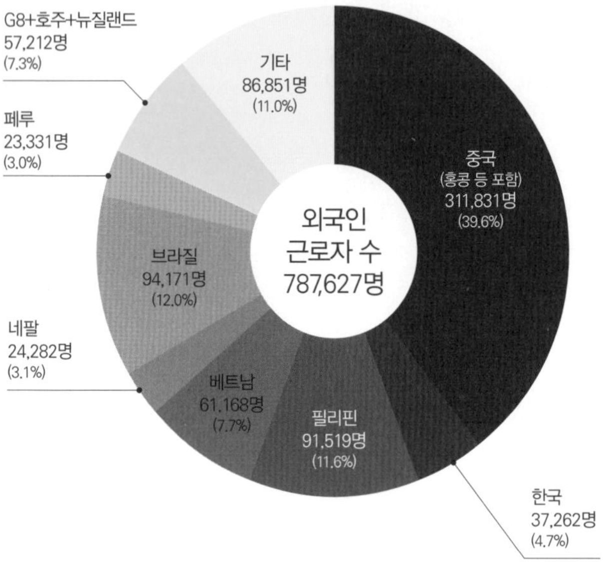


전년 동기 대비 베트남 출신 근로자는 63.0%가 증가, 네팔 출신 근로자는 약 2만 4,000명이 늘어난 71.3%나 증가할 정도로 두 나라 출신 근로자의 증가 추세가 특히 두드러진다.

### 13만 개 이상의 사업장에서 외국인 근로자를 고용

외국인을 고용하는 사업장은 약 13만 7,000개소로 처음으로 13만 개 이상의 사업장을 넘어섰다. 지역별로 살펴보면 ①도쿄(약 22만 9,000명, 전체의 29.1%), ② 아이치(약 8만 4,000명, 10.7%), ③ 가나가와(약 4만 7,000명, 6.0%), ④ 오사카(약 4만 명, 5.1%), ⑤ 시즈오카(약 3만 8,000명, 4.8%) 순이다.

## ■ 지금 한국에서는 ■

〈한국국적을 가지지 않은 외국인 근로자〉

| 구분 | 총인구 ('15.11.1) (A) | 비율 (B/A) | 합계(B) (=C+D+E) | | |
|---|---|---|---|---|---|
| | | | 계 | 남 | 여 |
| 합계 | 51,069,375 | 3.40% | 1,711,013 | 921,006 | 790,007 |
| 서울특별시 | 9,904,312 | 4.10% | 408,083 | 193,128 | 214,955 |
| 부산광역시 | 3,448,737 | 1.70% | 58,080 | 31,275 | 26,805 |
| 대구광역시 | 2,466,052 | 1.60% | 38,899 | 20,816 | 18,083 |
| 인천광역시 | 2,890,451 | 3.10% | 89,515 | 48,571 | 40,944 |
| 광주광역시 | 1,502,881 | 1.90% | 29,131 | 15,077 | 14,054 |
| 대전광역시 | 1,538,394 | 1.70% | 25,886 | 11,566 | 14,320 |
| 울산광역시 | 1,166,615 | 3.20% | 36,953 | 21,954 | 14,999 |
| 세종 특별자치시 | 204,088 | 2.70% | 5,570 | 3,184 | 2,386 |
| 경기도 | 12,479,061 | 4.40% | 549,503 | 306,877 | 242,626 |
| 강원도 | 1,518,040 | 1.80% | 27,253 | 13,008 | 14,245 |
| 충청북도 | 1,589,347 | 3.30% | 52,073 | 29,564 | 22,509 |
| 충청남도 | 2,107,802 | 4.20% | 88,189 | 50,609 | 37,580 |
| 전라북도 | 1,834,114 | 2.40% | 44,184 | 21,790 | 22,394 |
| 전라남도 | 1,799,044 | 2.80% | 50,864 | 27,233 | 23,631 |
| 경상북도 | 2,680,294 | 2.80% | 74,919 | 43,323 | 31,596 |
| 경상남도 | 3,334,524 | 3.40% | 112,387 | 72,319 | 40,068 |
| 제주 특별자치도 | 605,619 | 3.20% | 19,524 | 10,712 | 8,812 |

| 구분 | 한국국적을 가지지 않은 자(C) | | | | | | | | |
|---|---|---|---|---|---|---|---|---|---|
| | 소계 | | | 외국인근로자 | | | 결혼이민자 | | |
| | 계 | 남 | 여 | 계 | 남 | 여 | 계 | 남 | 여 |
| 합계 | 1,363,712 | 788,663 | 575,049 | 573,378 | 430,361 | 143,017 | 144,912 | 25,263 | 119,649 |
| 서울특별시 | 337,116 | 165,218 | 171,898 | 102,081 | 59,656 | 42,425 | 27,573 | 7,908 | 19,665 |
| 부산광역시 | 44,070 | 26,008 | 18,062 | 16,424 | 14,241 | 2,183 | 6,527 | 986 | 5,541 |
| 대구광역시 | 29,282 | 17,292 | 11,990 | 11,701 | 9,454 | 2,247 | 4,549 | 645 | 3,904 |
| 인천광역시 | 67,850 | 40,224 | 27,626 | 27,507 | 21,845 | 5,662 | 8,732 | 1,754 | 6,978 |
| 광주광역시 | 21,592 | 12,211 | 9,381 | 7,445 | 5,954 | 1,491 | 3,154 | 344 | 2,810 |
| 대전광역시 | 19,080 | 8,933 | 10,147 | 3,313 | 2,260 | 1,053 | 3,365 | 439 | 2,926 |
| 울산광역시 | 29,860 | 19,321 | 10,539 | 13,806 | 11,189 | 2,617 | 3,042 | 420 | 2,622 |
| 세종특별자치시 | 4,471 | 2,755 | 1,716 | 1,923 | 1,568 | 355 | 524 | 64 | 460 |
| 경기도 | 452,632 | 269,861 | 182,771 | 213,808 | 155,854 | 57,954 | 39,769 | 8,278 | 31,491 |
| 강원도 | 18,306 | 9,640 | 8,666 | 6,255 | 5,079 | 1,176 | 3,666 | 278 | 3,388 |
| 충청북도 | 40,758 | 25,416 | 15,342 | 19,075 | 15,472 | 3,603 | 4,900 | 559 | 4,341 |
| 충청남도 | 71,082 | 44,171 | 26,911 | 33,720 | 26,857 | 6,863 | 7,836 | 835 | 7,001 |
| 전라북도 | 29,930 | 16,421 | 13,509 | 11,168 | 9,181 | 1,987 | 5,727 | 382 | 5,345 |
| 전라남도 | 34,611 | 21,107 | 13,504 | 16,824 | 14,838 | 1,986 | 6,773 | 359 | 6,414 |
| 경상북도 | 57,565 | 36,841 | 20,724 | 29,045 | 24,556 | 4,489 | 7,407 | 651 | 6,756 |
| 경상남도 | 90,361 | 64,330 | 26,031 | 52,900 | 47,085 | 5,815 | 9,249 | 1,062 | 8,187 |
| 제주특별자치도 | 15,146 | 8,914 | 6,232 | 6,383 | 5,272 | 1,111 | 2,119 | 299 | 1,820 |

| 한국국적을 가지지 않은 자(C) | | | | | | | | |
|---|---|---|---|---|---|---|---|---|
| 유학생 | | | 외국국적동포 | | | 기타 외국인 | | |
| 계 | 남 | 여 | 계 | 남 | 여 | 계 | 남 | 여 |
| 82,181 | 36,617 | 45,564 | 216,213 | 108,011 | 108,202 | 347,028 | 188,411 | 158,617 |
| 31,129 | 11,316 | 19,813 | 80,707 | 35,877 | 44,830 | 95,626 | 50,461 | 45,165 |
| 6,163 | 2,780 | 3,383 | 3,688 | 1,748 | 1,940 | 11,268 | 6,253 | 5,015 |
| 2,852 | 1,455 | 1,397 | 2,330 | 1,217 | 1,113 | 7,850 | 4,521 | 3,329 |
| 2,423 | 1,026 | 1,397 | 9,888 | 4,871 | 5,017 | 19,300 | 10,728 | 8,572 |
| 3,406 | 1,650 | 1,756 | 1,690 | 883 | 807 | 5,897 | 3,380 | 2,517 |
| 5,149 | 2,475 | 2,674 | 1,758 | 788 | 970 | 5,495 | 2,971 | 2,524 |
| 1,004 | 648 | 356 | 4,936 | 3,156 | 1,780 | 7,072 | 3,908 | 3,164 |
| 522 | 283 | 239 | 495 | 272 | 223 | 1,007 | 568 | 439 |
| 9,933 | 5,200 | 4,733 | 77,605 | 39,650 | 37,955 | 111,517 | 60,879 | 50,638 |
| 2,057 | 987 | 1,070 | 1,595 | 780 | 815 | 4,733 | 2,516 | 2,217 |
| 2,304 | 1,111 | 1,193 | 5,155 | 3,194 | 1,961 | 9,324 | 5,080 | 4,244 |
| 4,159 | 1,973 | 2,186 | 9,429 | 5,713 | 3,716 | 15,938 | 8,793 | 7,145 |
| 2,737 | 1,372 | 1,365 | 1,993 | 1,070 | 923 | 8,305 | 4,416 | 3,889 |
| 1,227 | 628 | 599 | 2,209 | 1,286 | 923 | 7,578 | 3,996 | 3,582 |
| 4,393 | 2,324 | 2,069 | 4,224 | 2,502 | 1,722 | 12,496 | 6,808 | 5,688 |
| 1,671 | 893 | 778 | 7,040 | 4,322 | 2,718 | 19,501 | 10,968 | 8,533 |
| 1,052 | 496 | 556 | 1,471 | 682 | 789 | 4,121 | 2,165 | 1,956 |

| 구분 | 한국국적을 취득한 자(D) | | | | | | | | |
|---|---|---|---|---|---|---|---|---|---|
| | 소계 | | | 혼인귀화자 | | | 기타 사유 | | |
| | 계 | 남 | 여 | 계 | 남 | 여 | 계 | 남 | 여 |
| 합계 | 149,751 | 31,389 | 118,362 | 93,249 | 10,308 | 82,941 | 56,502 | 21,081 | 35,421 |
| 서울특별시 | 40,520 | 12,574 | 27,946 | 20,439 | 4,197 | 16,242 | 20,081 | 8,377 | 11,704 |
| 부산광역시 | 4,853 | 583 | 4,270 | 3,443 | 150 | 3,293 | 1,410 | 433 | 977 |
| 대구광역시 | 3,194 | 333 | 2,861 | 2,352 | 105 | 2,247 | 842 | 228 | 614 |
| 인천광역시 | 9,820 | 2,259 | 7,561 | 5,901 | 736 | 5,165 | 3,919 | 1,523 | 2,396 |
| 광주광역시 | 2,449 | 186 | 2,263 | 1,911 | 51 | 1,860 | 538 | 135 | 403 |
| 대전광역시 | 2,245 | 274 | 1,971 | 1,605 | 85 | 1,520 | 640 | 189 | 451 |
| 울산광역시 | 2,717 | 398 | 2,319 | 1,986 | 134 | 1,852 | 731 | 264 | 467 |
| 세종<br>특별자치시 | 370 | 52 | 318 | 261 | 16 | 245 | 109 | 36 | 73 |
| 경기도 | 46,558 | 11,404 | 35,154 | 27,678 | 3,831 | 23,847 | 18,880 | 7,573 | 11,307 |
| 강원도 | 2,905 | 225 | 2,680 | 2,185 | 61 | 2,124 | 720 | 164 | 556 |
| 충청북도 | 4,226 | 535 | 3,691 | 3,000 | 177 | 2,823 | 1,226 | 358 | 868 |
| 충청남도 | 6,199 | 850 | 5,349 | 4,323 | 293 | 4,030 | 1,876 | 557 | 1,319 |
| 전라북도 | 4,510 | 254 | 4,256 | 3,576 | 53 | 3,523 | 934 | 201 | 733 |
| 전라남도 | 4,729 | 226 | 4,503 | 3,689 | 47 | 3,642 | 1,040 | 179 | 861 |
| 경상북도 | 5,579 | 424 | 5,155 | 4,160 | 113 | 4,047 | 1,419 | 311 | 1,108 |
| 경상남도 | 7,550 | 592 | 6,958 | 5,883 | 206 | 5,677 | 1,667 | 386 | 1,281 |
| 제주<br>특별자치도 | 1,327 | 220 | 1,107 | 857 | 53 | 804 | 470 | 167 | 303 |

| 외국인주민 자녀(E) | | | | | | | | | | | | 외국인 주민 세대수 |
|---|---|---|---|---|---|---|---|---|---|---|---|---|
| 소계 | | | 외국인부모 | | | 외국인-한국인부모 | | | 한국인 부모 | | | |
| 계 | 남 | 여 | 계 | 남 | 여 | 계 | 남 | 여 | 계 | 남 | 여 | 계 |
| 197,550 | 100,954 | 96,596 | 6,001 | 3,109 | 2,892 | 183,181 | 93,431 | 89,750 | 8,368 | 4,414 | 3,954 | 299,241 |
| 30,447 | 15,336 | 15,111 | 1,963 | 1,039 | 924 | 27,068 | 13,553 | 13,515 | 1,416 | 744 | 672 | 64,013 |
| 9,157 | 4,684 | 4,473 | 91 | 39 | 52 | 8,640 | 4,408 | 4,232 | 426 | 237 | 189 | 12,826 |
| 6,423 | 3,191 | 3,232 | 68 | 38 | 30 | 6,084 | 3,003 | 3,081 | 271 | 150 | 121 | 8,560 |
| 11,845 | 6,088 | 5,757 | 540 | 284 | 256 | 10,822 | 5,544 | 5,278 | 483 | 260 | 223 | 18,394 |
| 5,090 | 2,680 | 2,410 | 54 | 25 | 29 | 4,861 | 2,548 | 2,313 | 175 | 107 | 68 | 6,185 |
| 4,561 | 2,359 | 2,202 | 28 | 12 | 16 | 4,338 | 2,236 | 2,102 | 195 | 111 | 84 | 6,116 |
| 4,376 | 2,235 | 2,141 | 84 | 42 | 42 | 4,120 | 2,102 | 2,018 | 172 | 91 | 81 | 6,076 |
| 729 | 377 | 352 | 9 | 7 | *** | 686 | 351 | 335 | 34 | 19 | 15 | 919 |
| 50,313 | 25,612 | 24,701 | 2,366 | 1,216 | 1,150 | 45,725 | 23,267 | 22,458 | 2,222 | 1,129 | 1,093 | 84,295 |
| 6,042 | 3,143 | 2,899 | 33 | 17 | 16 | 5,717 | 2,979 | 2,738 | 292 | 147 | 145 | 7,304 |
| 7,089 | 3,613 | 3,476 | 100 | 49 | 51 | 6,740 | 3,438 | 3,302 | 249 | 126 | 123 | 9,347 |
| 10,908 | 5,588 | 5,320 | 171 | 90 | 81 | 10,335 | 5,279 | 5,056 | 402 | 219 | 183 | 14,722 |
| 9,744 | 5,115 | 4,629 | 89 | 49 | 40 | 9,291 | 4,871 | 4,420 | 364 | 195 | 169 | 11,292 |
| 11,524 | 5,900 | 5,624 | 96 | 45 | 51 | 10,961 | 5,621 | 5,340 | 467 | 234 | 233 | 12,747 |
| 11,775 | 6,058 | 5,717 | 97 | 48 | 49 | 11,243 | 5,758 | 5,485 | 435 | 252 | 183 | 14,268 |
| 14,476 | 7,397 | 7,079 | 170 | 89 | 81 | 13,731 | 7,015 | 6,716 | 575 | 293 | 282 | 18,238 |
| 3,051 | 1,578 | 1,473 | 42 | 20 | 22 | 2,819 | 1,458 | 1,361 | 190 | 100 | 90 | 3,939 |

출처 : 행정자치부 지방자치단체 외국인주민 현황 2015년 갱신 자료

## ■ 지금 한국에서는 ■

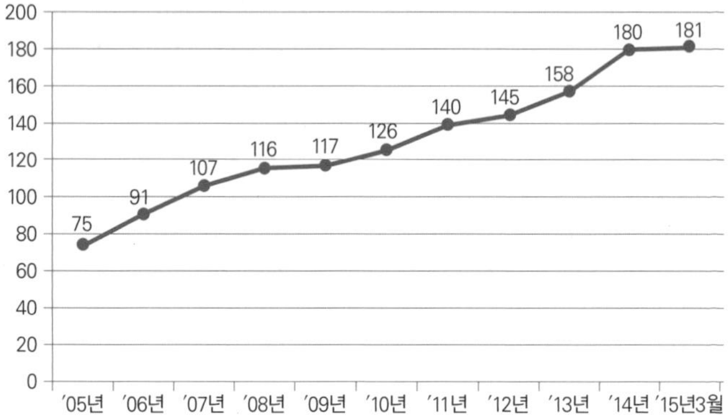


출처 : 법무부 홈페이지 자료실

※ 합법 체류 및 불법 체류를 따로 표시하지 않은 체류 현황은 합법과 불법을 모두 포함한 전체 현황임

– 2015년 1월부터 불법 체류자 관련 통계 삭제(국제적인 관행 등을 고려하여 매년 1회 공개하기로 정책적인 결정을 내린 사항임)

※ 2015년 3월말 현재 체류 외국인은 181만 3,037명으로 전월의 178만 7,728명보다 소폭 증가하였으며, 전년 동월 160만 9,670명에 비해서는 13.7% 증가하였음

– 외국인 등록자는 109만 9,955명, 국내 거소신고 외국국적 교포는 29만 4,732명, 단기체류 외국인은 41만 8,350명임

– 국적별로는 중국 91만 7,555명(50.6%), 미국 14만 2,201명(7.8%), 베트남 13만 702명(7.2%), 태국 8만 8,740명(4.9%), 필리핀 5만 4,089명(3.0%), 우즈베키스탄 4만 4,724명(2..5%) 순임

※ 외국인 등록자(109만 9,955명)의 체류 자격별 및 체류 기간별 현황

– 지역별로는 수도권에 67만 9,168명(61.7%)이 거주하고 있으며, 영남권 21만 5,457명(16.9%), 충청권 10만 4,445명(9.4%), 호남권 7만 453명(6.4%)의 순으로 거주하고 있음

- 체류 기간별로는 1년 이하 42만 1,160명(38.7%), 1년 초과 3년 이하 30만 9,827명(28.2%), 3년 초과 5년 이하 18만 1,200명(16.5%), 5년 초과 10년 이하 13만 3,166명(12.1%), 10년 초과가 5만 4,602명(5.0%)으로서 약 67%의 등록외국인이 3년 이하로 체류하고 있음

〈체류외국인 증감 추이〉

| 구 분 | 2004년 | 2005년 | 2006년 | 2007년 | 2008년 | 2009년 | 2010년 |
|---|---|---|---|---|---|---|---|
| 인 원 | 750,873 | 747,467 | 910,149 | 1,066,273 | 1,158,866 | 1,168,477 | 1,261,415 |
| 증감률 | ↑10.6% | ↓0.5% | ↑21.8% | ↑17.2% | ↑8.7% | ↑0.8% | ↑8.0% |

〈체류외국인 국적별 현황〉

| 국적별 | 계 | 중국 | 미국 | 베트남 | 일본 | 태국 | 필리핀 | 기타 |
|---|---|---|---|---|---|---|---|---|
| 인 원 | 1,813,037 | 917,555 | 142,201 | 130,702 | 40,548 | 88,740 | 54,089 | 439,202 |
| 비 율 | 100% | 50.6% | 7.8% | 7.2% | 2.2% | 4.9% | 3.0% | 24.2% |

〈체류외국인 자격별 현황〉 (2015.3.31 현재, 단위 : 명)

| 체류 자격별 | 계 | 비전문 취업 (E-9) | 방문취업 (H-2) | 재외동포 (F-4) | 영 주 (F-5) | 유 학 (D-2) | 거 주 (F-2) | 기타 |
|---|---|---|---|---|---|---|---|---|
| 인원 | 1,813,037 | 269,975 | 286,365 | 298,396 | 115,365 | 68,436 | 37,706 | 736,794 |
| 비율 | 100% | 14.9% | 15.8% | 16.5% | 6.4% | 3.8% | 2.1% | 40.6% |

〈취업자격 체류외국인 업무 유형별 현황〉 (2015.3.31 현재, 단위 : 명)

| 구분 | 총계 | 전문인력 | 단순기능인력 |
|---|---|---|---|
| 총체류자 | 619,746 | 49,244 | 570,502 |

## 실적은 점점 증가하는 추세

2016년도부터 외국인 기능 실습 제도 대상에 '병간호'가 추가되는 등 외국인 근로자가 착실하게 증가하는 추세다. 현재 산업별 외국인 근로자 비율을 살펴보면 ①제조업 26.4% ②도·소매업 16.6% ③숙박·음식 서비스업 14.0 순이다.

단순 반복 업무일수록 외국인 근로자에게 일자리를 빼앗기고 있다. 외국인 근로자에게 밀려나지 않으려면 창의성을 발휘해 새로운 것을 만들어내는 직업을 가지는 수밖에 없다.

## 불법 체류자는 약 6만 명

정식으로 입국해 성실하게 일하는 외국인 근로자와는 무관하지만, 법무성 조사에서는 2015년 1월 1일 기준으로, 불법 체류자 수는 약 6만 명. 전년 대비 946명 증가했다고 한다. 1993년 5월 1일 기준으로 29만 8,000명을 기록한 불법 체류자 수는 이후 꾸준히 감소했지만, 현재는 다시 증가 추세로 돌아섰다.

## 늘어나는 태국 및 베트남 출신 불법 체류자

국적별 불법 체류자는 ①한국(1만 3,634명), ②중국(8,647명), ③태국(5,277명), ④필리핀(4,991명), ⑤대만(3,532명), ⑥베트남(2,453명) 순으로, 이 중 태국 출신 불법 체류자는 전년 대비 약 20%나 증가했고, 베트남 출신 불법 체류자는 약 67%나 증가했다.

## ■ 지금 한국에서는 ■

〈체류외국인 연도 및 국적별 현황〉

| 구분 | 2011 | 2012 | 2013 | 2014 | 2015년 3월 |
|---|---|---|---|---|---|
| 총계 | 1,395,077 | 1,445,103 | 1,576,034 | 1,797,618 | 1,813,037 |
| 중국 | 677,954 | 698,444 | 778,113 | 898,654 | 917,555 |
| 한국계 | 470,570 | 447,877 | 497,989 | 590,856 | 602,548 |
| 미국 | 132,133 | 130,562 | 134,711 | 136,663 | 142,201 |
| 베트남 | 116,219 | 120,254 | 120,069 | 129,973 | 130,702 |
| 일본 | 58,169 | 57,174 | 56,081 | 49,152 | 40,548 |
| 필리핀 | 47,542 | 42,219 | 47,514 | 53,538 | 54,089 |
| 타이 | 45,634 | 45,945 | 55,110 | 94,314 | 88,740 |
| 인도네시아 | 36,971 | 38,018 | 41,599 | 46,945 | 43,110 |
| 우즈베키스탄 | 29,742 | 34,688 | 38,515 | 43,852 | 44,724 |
| 몽골 | 28,634 | 26,461 | 24,175 | 24,561 | 25,158 |
| 타이완 | 26,316 | 30,413 | 27,698 | 31,200 | 29,873 |
| 캐나다 | 21,812 | 23,051 | 23,655 | 24,353 | 25,367 |
| 스리랑카 | 21,554 | 22,354 | 23,383 | 26,057 | 26,322 |
| 캄보디아 | 17,320 | 24,610 | 31,986 | 38,395 | 38,802 |
| 방글라데시 | 13,465 | 13,584 | 13,600 | 14,644 | 14,748 |
| 네팔 | 13,256 | 18,908 | 22,015 | 26,790 | 27,319 |
| 러시아(연방) | 10,547 | 11,361 | 12,804 | 14,425 | 14,854 |
| 파키스탄 | 10,341 | 10,027 | 10,423 | 11,209 | 11,375 |
| 오스트레일리아 | 9,711 | 10,093 | 12,203 | 12,468 | 10,033 |
| 인도 | 7,500 | 8,317 | 9,174 | 10,196 | 10,874 |
| 미얀마 | 6,479 | 9,218 | 12,678 | 15,921 | 16,074 |
| 영국 | 6,382 | 6,814 | 7,998 | 7,398 | 8,061 |
| 홍콩 | 5,398 | 5,958 | 7,144 | 10,762 | 12,351 |
| 뉴질랜드 | 3,858 | 4,240 | 4,310 | 4,593 | 3,842 |
| 기타 | 48,140 | 52,390 | 61,076 | 71,555 | 76,315 |

약자에게 무자비한 도시와 농촌 ❸

# 잔혹한 범죄가 증가한다

아동학대 상담 건수 : 7만 3,802건
(후생노동성)

## 꾸준히 늘어난 아동학대

아동학대는 해마다 증가하고 있다. 전국 아동학대 상담소의 아동학대에 관한 상담 건수는 아동학대 방지법 시행 전인 1999년에 비해, 2013년 약 6.3배인 7만 3,802건으로 늘어났다(후생노동성·아동학대 현황).

## 다양한 학대 유형

아동학대를 유형별로 나누면, 심리적 학대(언어폭력, 무시, 자녀 앞에서 가정폭력을 행사하는 등)가 38.4%, 신체 학대(구타, 높은 곳에서 내던지기, 화상 등)가 32.9%, 방임(집안에 방치, 식사를 주지 않는다, 생활환경이 열악하고 위생상태가 매우 불량 등)이 26.6%, 성 학대(성적 행위, 아동 음란물 촬영 등)가 2.1%로 집계된다.

〈아동학대 상담 건수는 7만 건을 넘어섰다〉

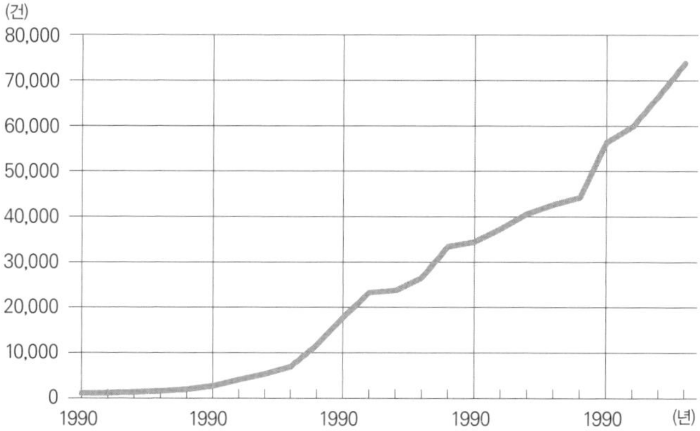


후생노동성 홈페이지 참조

## ■ 지금 한국에서는 ■

〈학대 피해 아동 보호 건수〉

| | 2006 | 2007 | 2008 | 2009 | 2010 | 2011 | 2012 | 2013 | 2014 |
|---|---|---|---|---|---|---|---|---|---|
| 계 | 5,202 | 5,581 | 5,578 | 5,685 | 5,657 | 6,058 | 6,403 | 6,796 | 10,027 |
| 신체 학대 | 439 | 473 | 422 | 338 | 348 | 466 | 461 | 753 | 1,453 |
| 정서 학대 | 604 | 589 | 683 | 778 | 773 | 909 | 936 | 1,101 | 1,582 |
| 성 학대 | 249 | 266 | 284 | 274 | 258 | 226 | 278 | 242 | 308 |
| 방임 | 2,035 | 2,107 | 2,237 | 2,025 | 1,870 | 1,783 | 1,713 | 1,778 | 1,870 |
| 유기 | 76 | 59 | 57 | 32 | 14 | 53 | – | – | – |
| 중복 학대 | 1,799 | 2,087 | 1,895 | 2,238 | 2,394 | 2,621 | 3,015 | 2,922 | 4,814 |

출처 : 보건복지부 전국아동학대 현황 보고서

## 친어머니와 친아버지가 가해자로

학대를 당한 아동을 연령별로 살펴보면 초등학생이 35.3%로 가장 많다. 뒤를 이어 3세에서 미취학 연령에 해당하는 나이대의 아동이 23.7%, 0세에서 3세 미만이 18.9%다. 학대 가해자는 친어머니가 54.3%, 친아버지가 39.8%로 친부모에 의한 학대가 절반 이상을 차지한다. 그 밖에 의붓아버지와 의붓어머니 등에게 학대를 받은 아동이 0.9%다.

아동을 학대하는 배경에는 주로 돈 문제로 인한 스트레스가 크다고 추정된다.

### ■ 지금 한국에서는 ■

〈아동학대 가해자〉

| 부모 | 대리양육자 | 친인척 | 타인 | 기타 |
|---|---|---|---|---|
| 82.7% | 6.8% | 6.2% | 2.3% | 2.0% |

출처 : 한국형사정책연구원 아동학대의 실태와 학대 피해 아동 보호 법제에 관한 연구 보고서

※ 2004년부터 2013년까지 10년간 아동보호전문기관에 접수된 아동학대사건 9만 5,622건 중 가해자 분석 결과

〈아동학대 가해자 분석〉

| | |
|---|---|
| 부모 | 80.3% (친부 41.1%, 친모 35.1%, 계모 2.1%, 계부 1.6%, 기타 0.4%) |
| 아동복지시설 | 5.3% |
| 보육시설 | 3.0% |
| 기타 | 11.4% |

출처 : 보건복지부 2014년 아동학대 현황 국회 보고 자료

## 90명 이상의 아동이 학대로 사망

검찰이 검거한 아동학대 사건 역시 매년 늘어나고 있다. 2012년에는 476명의 아동이 아동학대 피해자로 확인되었는데, 이는 1999년 이후 최고 수준이다. 피해자 중 사망한 아동만 해도 32명에 달한다. 특히 4세 이하의 아동이 사망자의 70%를 차지한다는 사실에 주목해야 한다.

아동학대 유형별로 살펴보면 신체적 학대가 72.9%, 성적 학대가 23.7%. 아동학대로 사망한 건수는 상상 이상으로 높은 수준으로, 2012년에는 일가족 동반자살로 51명, 일가족 동반자살 이외의 39명이 아동학대로 사망해 총 90명의 안타까운 어린 목숨이 세상을 등졌다.

### 약자에게 무자비한 도시와 농촌 ❹

# 매일 6명 이상이 과로로 자살한다

자살자 : 2만 5,427명
(내각부)

**장기적으로 높은 수준을 유지한 자살자 수**

1998년 전년에 약 2만 4,000명이던 자살자 수는 갑자기 증가해 약 3만 3,000명으로 3만 명대를 돌파, 이후 2011년까지 14년에 걸쳐 3만 명 이상을 꾸준히 유지해왔다. 다행히 2012년에는 3만 명 수준을 밑돌았고, 2013년에는 2만 7,283명, 2014년에는 2만 5,427명으로 감소 추세가 이어지고 있다.

2014년 자살자 수는 남성이 17,386명으로 전체의 68.4%를 차지하고 있다(경시청 자살자 통계를 기반으로 자살자 수를 추정한 내각부 통계 참조). 자살자 수는 조금씩 줄어드는 추세지만, 이 수치는 1945년 이후 장기적 관점에서는 매우 높은 수준을 유지하고 있다.

**세계적 기준에서도 높은 자살자 수**

전 세계 자살자 수를 살펴보면, 2012년 기준 약 80만 명이나 된다. 인도가 약 25만 8,000명으로 1위, 중국이 약 12만 명으로 2위, 미국이 약 4만 3,000명으로 3위, 러시아가 약 3만 명으로 4위이고, 그 뒤를 일본이 바짝 뒤쫓고 있다.

### ■ 지금 한국에서는 ■

**〈인구 10만 명당 자살자 수(명)〉**

| | | |
|---|---|---|
| 1 | 가이아나 | 44.2 |
| 2 | 대한민국 | 28.9 |
| 3 | 스리랑카 | 28.8 |
| 4 | 리투아니아 | 28.2 |
| 5 | 수리남 | 27.8 |
| 6 | 모잠비크 | 27.4 |
| 7 | 탄자니아 / 네팔 | 24.9 / 24.9 |
| 9 | 카자흐스탄 | 23.8 |
| 10 | 부룬디 | 23.1 |
| 17 | 일본 | 18.5 |

출처 : WHO 2012년 갱신 자료

## 건강, 경제·생활이 자살의 주요 원인

일본에서 2014년 자살 원인이나 동기가 밝혀진 사람들의 자살 원인을 살펴보면 '건강문제'가 1만 2,920명으로 가장 많았다.

이어서 '경제 · 생활문제(4,144명)', '가정문제(3,644명)', '직장문제(2,227명)', '남녀문제(875명)', '학교문제(372명)' 순이다.

## 〈연령별로 보는 자살 원인·동기〉

(명)

| 원인·동기별 / 연령별 | | ~19세 | 20~29세 | 30~39세 | 40~49세 | 50~59세 | 60~69세 | 70~79세 | 80세~ | 연령미상 | 합계 |
|---|---|---|---|---|---|---|---|---|---|---|---|
| 합계 | 총 | 483 | 2,679 | 3,513 | 4,471 | 4,436 | 4,359 | 3,352 | 2,238 | 2 | 25,533 |
| | 남 | 316 | 1,873 | 2,387 | 3,160 | 3,227 | 2,947 | 2,003 | 1,223 | 1 | 17,137 |
| | 여 | 167 | 806 | 1,126 | 1,311 | 1,209 | 1,412 | 1,349 | 1,015 | 1 | 8,396 |
| 가정문제 | 총 | 82 | 281 | 520 | 650 | 631 | 577 | 524 | 379 | | 3,644 |
| | 남 | 50 | 188 | 294 | 415 | 404 | 365 | 301 | 210 | | 2,227 |
| | 여 | 32 | 93 | 226 | 235 | 227 | 212 | 223 | 169 | | 1,417 |
| 건강문제 | 총 | 104 | 905 | 1,438 | 1,995 | 1,988 | 2,535 | 2,325 | 1,630 | | 12,920 |
| | 남 | 51 | 503 | 798 | 1,150 | 1,196 | 1,500 | 1,337 | 883 | | 7,418 |
| | 여 | 53 | 402 | 640 | 845 | 792 | 1,035 | 988 | 747 | | 5,502 |
| 경제·생활문제 | 총 | 16 | 397 | 564 | 872 | 1,110 | 847 | 280 | 57 | 1 | 4,144 |
| | 남 | 14 | 355 | 503 | 800 | 1,000 | 754 | 221 | 40 | 1 | 3,688 |
| | 여 | 2 | 42 | 61 | 72 | 110 | 93 | 59 | 17 | | 456 |
| 직장문제 | 총 | 20 | 441 | 509 | 582 | 479 | 164 | 30 | 2 | | 2,227 |
| | 남 | 13 | 368 | 459 | 520 | 445 | 155 | 26 | 2 | | 1,988 |
| | 여 | 7 | 73 | 50 | 62 | 34 | 9 | 4 | | | 239 |
| 남녀문제 | 총 | 45 | 278 | 276 | 192 | 51 | 20 | 11 | 2 | | 875 |
| | 남 | 24 | 167 | 167 | 140 | 36 | 15 | 5 | 1 | | 555 |
| | 여 | 21 | 111 | 109 | 52 | 15 | 5 | 6 | 1 | | 320 |
| 학교문제 | 총 | 167 | 200 | 4 | 1 | | | | | | 372 |
| | 남 | 129 | 166 | 4 | 1 | | | | | | 300 |
| | 여 | 38 | 34 | | | | | | | | 72 |
| 기타 | 총 | 49 | 177 | 202 | 179 | 177 | 216 | 182 | 168 | 1 | 1,351 |
| | 남 | 35 | 126 | 162 | 134 | 146 | 158 | 113 | 87 | | 961 |
| | 여 | 14 | 51 | 40 | 45 | 31 | 58 | 69 | 81 | 1 | 390 |

내각부 '2014년 자살 현황' 참조

## ■ 지금 한국에서는 ■

〈자살에 대한 국민 인식조사 인구학적 분포〉

| 구분별 | 구분별 | 2013 | |
|---|---|---|---|
| | | 대상자 수(명) | 대상자 비율(%) |
| 계 | 소계 | 1,500 | 100 |
| 성별 | 남자 | 747 | 49.8 |
| | 여자 | 753 | 50.2 |
| 연령 | 19~25세 | 183 | 12.2 |
| | 26~40세 | 489 | 32.6 |
| | 41~60세 | 605 | 40.3 |
| | 61세 이상 | 223 | 14.9 |
| 최종 학력 | 중학교 졸업 이하 | 274 | 18.3 |
| | 고등학교 졸업 | 632 | 42.1 |
| | 대학교 졸업 이상 | 594 | 39.6 |
| 혼인 상태 | 미혼 | 365 | 24.3 |
| | 기혼 | 1,031 | 68.8 |
| | 이혼 / 사별 | 104 | 6.9 |
| 종교 | 있음 | 722 | 48.2 |
| | 없음 | 778 | 51.8 |
| 자살 생각 유무 | 없다 | 1,158 | 77.2 |
| | 있다 | 342 | 22.8 |
| 도시 / 농촌 | 도시 | 1,221 | 81.4 |
| | 농촌 | 279 | 18.6 |

출처 : 보건복지부 자살실태조사 2015년 갱신 자료

〈정신과 전문의 판단에 따른 자살 기도 원인〉

| 자살 기도 원인별 | 2013년 | | | | | |
|---|---|---|---|---|---|---|
| | 계 | | 남자 | | 여자 | |
| | 대상자 수(명) | 대상자 비율(%) | 대상자 수(명) | 대상자 비율(%) | 대상자 수(명) | 대상자 비율(%) |
| 정신과적 증상 | 818 | 61 | 325 | 60.4 | 493 | 61.5 |
| 대인관계 문제 | 321 | 24 | 116 | 21.6 | 205 | 25.6 |
| 학업관련 문제 | 2 | 0.1 | 0 | 0 | 2 | 0.2 |
| 직장관련 문제 | 23 | 1.7 | 19 | 3.5 | 4 | 0.5 |
| 금전 손실 | 43 | 3.2 | 19 | 3.5 | 24 | 3 |
| 만성적 빈곤 | 15 | 1.1 | 7 | 1.3 | 8 | 1 |
| 외로움 / 고독 | 27 | 2 | 10 | 1.9 | 17 | 2.1 |
| 신체적 질병 | 35 | 2.6 | 19 | 3.5 | 16 | 2 |
| 폭행 | 3 | 0.2 | 0 | 0 | 3 | 0.4 |
| 기타 | 53 | 4 | 23 | 4.3 | 30 | 3.7 |

출처 : 보건복지부 자살실태조사 2015년 갱신 자료

## '우울증'과 '생활고'

원인 및 동기를 살펴보면, '건강문제'에서는 '질병으로 인한 고민 · 영향'(우울증)이 가장 많았다. 그리고 '질병으로 인한 고민 · 영향'(신체적 질병, 기타 정신질환, 종합실조증)이 그 뒤를 잇고 있다. '경제 · 생활문제'에서는 '생활고'가 가장 많았고, '부채(다중채무)', '부채(기타)', '사업부진'이 뒤를 이었다. 그 밖에 '실업'과 '취업실패'도 많은 비중을 차지했다.

### '불화'와 '업무 피로'

'가족 문제'에서는 '부부관계 불화'가 가장 많았고, '가족 미래 비관', '가족 사망', '부모자식 관계의 불화', '병간호 및 돌봄으로 인한 피로' 등이 뒤를 이었다. '직장문제'에서는 '업무 피로'가 1위를 차지. '직장 내 인간관계', '업무 실패', '직장환경 변화'가 뒤를 이었다.

### 매일 6명 이상이 과로로 자살

자살 배경에는 다양한 문제가 있지만, '직장문제'를 '과로 자살'로 보는 견해도 있다. 요 몇 년간 감소 추세로 돌아섰다고는 하지만, 여전히 1년에 2,227명이나 되는 많은 사람이 과로로 자살한다. 즉, 날마다 6명 이상이 과로와 스트레스로 자살하는 셈이다.

아무쪼록 스트레스를 줄이고 싶다면 앞으로는 빚을 지지 말고 고정비를 늘리지 말라고 조언하고 싶다. 내 집 마련의 꿈도 잠시 접어두고 자가용 없이 뚜벅이로 살며 홀가분하게 사는 인생이 제일이라는 생각이 든다.

약자에게 무자비한 도시와 농촌 ❺

# 출생·결혼·이혼율 감소, 사망률 증가 추세

출생 수 : 100만 1,000명
(2014년 추계 · 후생노동성)

## 31초에 1명 탄생

'2015년 우리나라의 인구동태(2013년까지의 동향)'(후생노동성)에 따르면, 2013년 출생 수는 102만 9,816명으로 31초에 1명이 탄생했다. 사망은 126만 8,436명으로 25초에 1명이 사망했다. 혼인은 66만 613쌍으로, 48초에 한 쌍이 결혼에 골인했다. 이혼은 23만 1,383쌍으로, 2분 16초에 한 쌍꼴로 헤어진다.

## 출생아 수는 일관되게 감소

2014년 추계(후생노동성)와 비교하면, 2014년 출생은 100만 1,000명으로 약 2만 9,000명 감소했으며, 사망자는 126만 9,000명으로 약 1,000명 증가했다. 혼인은 64만 9,000쌍으로 약 1만 2,000쌍 감소했다. 또한 이혼도 22만 2,000쌍으로, 약 9,000쌍 감소할 전망이다.

하루에 태어나는 출생아의 수를 1947년부터 거슬러 올라가

〈1일 평균 건수 연차 추이〉

| | 출생 | 사망 | 유아 사망 | 사산 | 혼인 | 이혼 |
|---|---|---|---|---|---|---|
| 2013년 | 2,821 | 3,475 | 6 | 66 | 1,810 | 634 |
| 2012년 | 2,834 | 3,433 | 6 | 68 | 1,828 | 643 |
| 2011년 | 2,879 | 3,433 | 7 | 71 | 1,813 | 643 |
| 2005년 | 2,911 | 2,969 | 8 | 87 | 1,957 | 718 |
| 2000년 | 3,253 | 2,627 | 10 | 105 | 2,181 | 722 |
| 1995년 | 3,252 | 2,526 | 14 | 108 | 2,170 | 545 |
| 1990년 | 3,347 | 2,247 | 15 | 148 | 1,978 | 432 |
| 1985년 | 3,922 | 2,061 | 22 | 189 | 2,016 | 457 |
| 1980년 | 4,308 | 1,975 | 32 | 212 | 2,117 | 387 |
| 1975년 | 5,209 | 1,924 | 52 | 279 | 2,580 | 263 |
| 1970년 | 5,299 | 1,953 | 70 | 370 | 2,820 | 263 |
| 1965년 | 4,996 | 1,919 | 92 | 443 | 2,616 | 211 |
| 1960년 | 4,388 | 1,931 | 135 | 490 | 2,366 | 190 |
| 1955년 | 4,742 | 1,900 | 188 | 502 | 1,959 | 206 |
| 1950년 | 6,404 | 2,479 | 385 | 594 | 1,959 | 229 |
| 1947년 | 7,339 | 3,118 | 563 | 339 | 2,559 | 218 |

후생노동성 '2013년 우리나라의 인구 동태' 참조

면, 1947년 7,339명부터 다소 부침은 있지만 일관되게 감소하고 있다.

## ■ 지금 한국에서는 ■

〈인구 동태 건수 및 동태율 추이〉

| 기본항목별 | 2015 | 2014 | 2013 |
|---|---|---|---|
| 출생아 수(명) | 438,700 | 435,435 | 436,455 |
| 사망자 수(명) | 275,700 | 267,692 | 266,257 |
| 자연증가 건수(명) | 163,000 | 167,743 | 170,198 |
| 조출생률(천 명당) | 8.6 | 8.6 | 8.6 |
| 조사망률(천 명당) | 5.4 | 5.3 | 5.3 |
| 자연증가율(천 명당) | 3.2 | 3.3 | 3.4 |
| 합계출산율(명) | 1.240 | 1.205 | 1.187 |
| 출생성비(명) | 105.3 | 105.3 | 105.3 |
| 혼인 건수(건) | 302,828 | 305,507 | 322,807 |
| 조혼인율(천 명당) | 5.9 | 6.0 | 6.4 |
| 이혼 건수(건) | 109,153 | 115,510 | 115,292 |
| 조이혼율(천 명당) | 2.1 | 2.3 | 2.3 |
| 기대수명(출생 시) | – | 82.40 | 81.94 |
| 기대수명(출생 시) – 남 | – | 78.99 | 78.51 |
| 기대수명(출생 시) – 여 | – | 85.48 | 85.06 |

출처 : 통계청 인구 동향 조사 2016년 갱신 자료

## 사인은 암, 특히 폐암

사망자에게 초점을 맞추면 2013년 사인별 사망률(인구 10만 대비)에서는 암 290.3, 심장병 156.6, 폐암 97.8, 뇌졸중 94.1, 노환 55.5 순이다. 암은 1981년 이후 줄곧 사망 원인 1위를 차지하고 있다. 암 중에서도 남성은 폐암이 꾸준히 상승하여 1993년 이후 사망률 85.1로 부동의 1위를 차지하고 있다. 여성은 대장암(사망률 33.9)과 폐암(32.1)이 1위 자리를 두고 각축을 벌이고 있다.

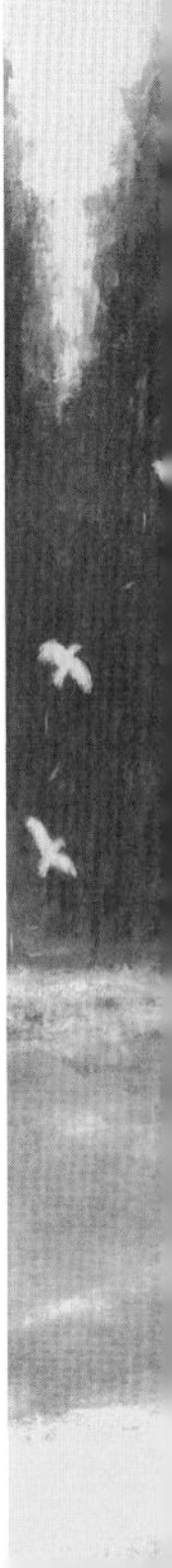

## ■ 지금 한국에서는 ■

〈사망원인 성별에 따른 사망자 수 및 사망률〉

| 사망원인별(103항목) | 성별 | 2014년 | |
|---|---|---|---|
| | | 사망자 수(명) | 사망률(10만 명당) |
| 계 | 계 | 267,692 | 527.4 |
| | 남자 | 147,321 | 580.6 |
| | 여자 | 120,371 | 474.1 |
| 특정 감염성 및 기생충성 질환 | 계 | 6,912 | 13.6 |
| | 남자 | 3,688 | 14.5 |
| | 여자 | 3,224 | 12.7 |
| 신생물 | 계 | 77,902 | 153.5 |
| | 남자 | 48,552 | 191.3 |
| | 여자 | 29,350 | 115.6 |
| 혈액 및 조혈기관 질환과 면역 메커니즘을 침범하는 특정 장애 | 계 | 637 | 1.3 |
| | 남자 | 283 | 1.1 |
| | 여자 | 354 | 1.4 |
| 내분비, 영양 및 대사 질환 | 계 | 11,611 | 22.9 |
| | 남자 | 5,836 | 23.0 |
| | 여자 | 5,775 | 22.7 |
| 정신 및 행동장애 | 계 | 5,096 | 10.0 |
| | 남자 | 2,080 | 8.2 |
| | 여자 | 3,016 | 11.9 |
| 신경계통의 질환 | 계 | 9,967 | 19.7 |
| | 남자 | 4,089 | 16.1 |
| | 여자 | 5,878 | 23.2 |
| 눈 및 눈 부속기관의 질환 | 계 | 0 | – |
| | 남자 | 0 | – |
| | 여자 | 0 | – |

| | | | |
|---|---|---|---|
| 귀 및 유돌 질환 | 계 | 1 | 0.0 |
| | 남자 | 1 | 0.0 |
| | 여자 | 0 | – |
| 순환계통 질환 | 계 | 57,815 | 113.9 |
| | 남자 | 27,503 | 108.4 |
| | 여자 | 30,312 | 119.4 |
| 호흡계통 질환 | 계 | 24,159 | 47.6 |
| | 남자 | 13,541 | 53.4 |
| | 여자 | 10,618 | 41.8 |
| 소화계통 질환 | 계 | 11,351 | 22.4 |
| | 남자 | 7,284 | 28.7 |
| | 여자 | 4,067 | 16.0 |
| 피부 및 피하조직 질환 | 계 | 484 | 1.0 |
| | 남자 | 172 | 0.7 |
| | 여자 | 312 | 1.2 |
| 근골격계통 및 결합 조직 질환 | 계 | 1,559 | 3.1 |
| | 남자 | 525 | 2.1 |
| | 여자 | 1,034 | 4.1 |
| 비뇨생식계통 질환 | 계 | 5,834 | 11.5 |
| | 남자 | 2,739 | 10.8 |
| | 여자 | 3,095 | 12.2 |
| 임신, 출산 및 산후기 | 계 | 48 | 0.1 |
| | 남자 | 0 | – |
| | 여자 | 48 | 0.2 |
| 출생 전후기에 기원한 특정 병태 | 계 | 696 | 1.4 |
| | 남자 | 389 | 1.5 |
| | 여자 | 307 | 1.2 |

| | | | |
|---|---|---|---|
| 선천 기형, 변형 및 염색체 이상 | 계 | 471 | 0.9 |
| | 남자 | 236 | 0.9 |
| | 여자 | 235 | 0.9 |
| 달리 분류되지 않은 증상, 징후 | 계 | 23,800 | 46.9 |
| | 남자 | 10,408 | 41.0 |
| | 여자 | 13,392 | 52.7 |
| 질병이환 및 사망의 외인 | 계 | 29,349 | 57.8 |
| | 남자 | 19,995 | 78.8 |
| | 여자 | 9,354 | 36.8 |

출처 : 통계청 사망원인 통계

〈전국 주요 사인별 사망률 2014년〉

| | | |
|---|---|---|
| 1 | 악성신생물(암) | 150.9(10만 명당) |
| 2 | 심장질환 | 52.3(10만 명당) |
| 3 | 뇌혈관질환 | 48.2(10만 명당) |
| 4 | 고의적 자해(자살) | 27.3(10만 명당) |
| 5 | 폐렴 | 23.7(10만 명당) |

출처 : 국가통계 포털

## 초혼 연령은 남성, 여성 모두 상승

결혼 연령(초혼)을 살펴보면 1947년까지 남편 26.1세, 아내 22.9세였지만, 이후 꾸준히 상승해 2013년에는 남편 30.9세, 아내 29.3세로 초혼 연령이 남녀 모두 나란히 상승했다. 또, 평균 재혼 연령은 1947년에는 남편 36.5세, 아내 29.3세였지만, 2013년에는 남편 42.4세, 아내 39.4세로 높아졌다.

## ■ 지금 한국에서는 ■

### 〈시도별 평균 초혼연령〉

| 시도별 | 2015년 | |
|---|---|---|
| | 남편 | 아내 |
| 전국 | 32.57 | 29.96 |
| 서울특별시 | 32.95 | 30.80 |
| 부산광역시 | 32.85 | 30.52 |
| 대구광역시 | 32.51 | 30.16 |
| 인천광역시 | 32.46 | 29.85 |
| 광주광역시 | 32.78 | 30.09 |
| 대전광역시 | 32.26 | 29.83 |
| 울산광역시 | 31.99 | 29.65 |
| 세종특별자치시 | 32.49 | 30.32 |
| 경기도 | 32.56 | 30.02 |
| 강원도 | 32.20 | 29.61 |
| 충청북도 | 32.15 | 29.48 |
| 충청남도 | 32.07 | 29.15 |
| 전라북도 | 32.58 | 29.40 |
| 전라남도 | 32.59 | 29.33 |
| 경상북도 | 32.33 | 29.53 |
| 경상남도 | 32.31 | 29.75 |
| 제주특별자치도 | 32.81 | 30.05 |
| 국외 | 32.33 | 26.86 |

출처 : 통계청 인구 동향 조사

## 황혼이혼이 증가

이혼은 2002년 약 29만 건으로, 사상 최고치를 경신했다가 이후 차츰 감소 추세로 돌아섰다. 그 대신 현재는 35년 이상 함께 살다 이혼하는 황혼이혼 부부의 비율이 높아졌다.

### ■ 지금 한국에서는 ■

| | | | |
|---|---|---|---|
| 2015년 | 전국 이혼 건수 | | 109,153(건) |
| | 전국 평균 이혼 연령 | 남성 | 46.93(세) |
| | | 여성 | 43.31(세) |
| | 65~69세 전국 이혼율 | 남편 | 3.1(해당 연령 천 명당) |
| | | 아내 | 1.6(해당 연령 천 명당) |
| | 70~74세 전국 이혼율 | 남편 | 2.2(해당 연령 천 명당) |
| | | 아내 | 0.7(해당 연령 천 명당) |
| | 75세 이상 전국 이혼율 | 남편 | 1.0(해당 연령 천 명당) |
| | | 아내 | 0.2(해당 연령 천 명당) |

출처 : 통계청 인구 동향 조사

**〈동거 기간별로 본 이혼 건수〉**

후생노동성 홈페이지 참조

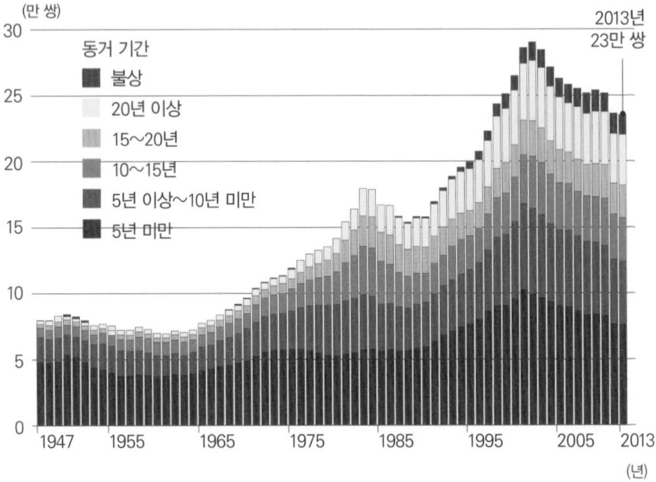


## ■ 지금 한국에서는 ■

**〈동거 기간별 이혼〉**

| 지역 | 동거 기간별 | 2015년 | 2014년 | 2013년 |
|---|---|---|---|---|
| 전국 | 계 | 109,153 | 115,510 | 115,292 |
| | 0~4년 | 24,666 | 27,162 | 27,299 |
| | 5~9년 | 20,796 | 21,962 | 21,533 |
| | 10~14년 | 14,860 | 16,283 | 16,851 |
| | 15~19년 | 16,205 | 16,963 | 17,176 |
| | 20년 이상 | 32,626 | 33,140 | 32,433 |
| | 미상 | 0 | 0 | 0 |

출처 : 통계청 인구 동향 조사

비명을 지르는 공동체 ❶

# 약 70% 가정에서 노인이 노인을 돌본다

병간호를 필요로 하는 사람 : 545만 7,000명
(후생노동성)

## 병간호가 필요한 고령자는 점점 증가

『고령 사회 백서(2015년판)』를 보면, 65세 이상으로 병간호가 필요한 고령자는 2012년도 말까지 약 545만 7,000명으로 집계된다. 2001년 말부터 약 258만 명 증가했다.

또 75세 이상으로 병간호가 필요하다고 인정받은 사람은 75세 이상 비보험자 중 23.0%를 차지한다.

### ■ 지금 한국에서는 ■

〈노인 가정 병간호 서비스 필요성 정도〉 (가구 수)

| 필요성 정도별 | 2005년 | | |
|---|---|---|---|
| | 전체 | 저소득 | 일반 |
| 전혀 필요하지 않다 | 64.2(%) | 59.2(%) | 69.2(%) |
| 별로 필요하지 않았다 | 17.7(%) | 18.7(%) | 16.6(%) |

| | | | |
|---|---|---|---|
| 그저 그렇다 | 4.2(%) | 5.6(%) | 2.7(%) |
| 다소 필요하다 | 7.3(%) | 8.5(%) | 6.1(%) |
| 아주 필요하다 | 6.0(%) | 7.6(%) | 4.3(%) |
| 모름/무응답 | 0.6(%) | 0.4(%) | 1.1(%) |
| 총계 | 100.0(%) | 100.0(%) | 100.0(%) |
| 가구 수 (가구) | 1,948 | 981 | 967 |

출처 : 한국보건사회연구원 한국복지패널 조사

**〈노인 부양과 관련된 어려움〉** (가구 수)

| 순위별 | 소득 집단별 | 2005년 | | | | | | | | | | |
|---|---|---|---|---|---|---|---|---|---|---|---|---|
| | | 특별한 어려움 없다 (%) | 생활비 문제 (%) | 돌봄의 문제 (%) | 수발의 문제 (%) | 건강 문제 (%) | 경제적 문제 (%) | 외로움 문제 (%) | 가족간 갈등 (%) | 기타 (%) | 모름/무응답 (%) | 전체 가구 수 (가구) |
| 1 순위 | 전체 | 18.1 | 31.9 | 4.1 | 3.0 | 40.7 | 6.0 | 2.3 | 1.5 | 1.1 | 0.6 | 1,948 |
| | 저소득 | 9.2 | 30.5 | 2.5 | 2.4 | 44.9 | 7.3 | 1.5 | 0.6 | 0.7 | 0.5 | 981 |
| | 일반 | 27.0 | 33.3 | 5.7 | 3.5 | 36.4 | 4.7 | 3.0 | 2.4 | 1.4 | 0.7 | 967 |
| 2 순위 | 전체 | 0.9 | 30.8 | 5.1 | 4.1 | 30.9 | 21.5 | 6.8 | 3.1 | 1.4 | – | 1,084 |
| | 저소득 | 1.0 | 30.3 | 4.9 | 2.2 | 32.9 | 20.3 | 5.4 | 1.3 | 1.5 | – | 669 |
| | 일반 | 0.7 | 31.2 | 5.3 | 6.0 | 28.9 | 22.7 | 8.2 | 4.8 | 1.2 | – | 415 |

출처 : 한국보건사회연구원 한국복지패널 조사

## 병간호비 부담은 어느 정도일까

'병간호가 필요한 경우, 비용 부담'에 관한 의식을 조사한 백서에는 내각부 '고령자의 건강에 관한 의식조사(2012년)'가 함께 실려 있다.

자료에 따르면, '따로 준비하지 않아도 연금 등의 수입으로 충당할 수 있다'고 대답한 사람이 42.3%, '필요한 만큼 저축해 준비해두었다'고 대답한 사람이 20.3%, '자녀들에게 경제적 도움을 받아야 한다'고 대답한 사람이 9.9%, '자산 등을 매각해 충당할 계획이다'라고 대답한 사람이 7.4%였다.

**〈재택 서비스 1개월당 이용 한도액〉**

| | |
|---|---|
| 지원1급 | 50,030엔 |
| 지원2급 | 104,730엔 |
| 병간호1급 | 166,920엔 |
| 병간호2급 | 196,160엔 |
| 병간호3급 | 269,310엔 |
| 병간호4급 | 308,060엔 |
| 병간호5급 | 360,650엔 |

## ■ 지금 한국에서는 ■

2014년도 건강보험의 65세 이상 노인진료비 현황을 보면, 가입자 기준 인구수는 601만 명, 진료비는 19조 3,551억 원으로 전년 대비 10.4% 증가한 것으로 나타났다. 이는 65세 이상 노인 인구 구성비는 11.9%에 해당하나, 진료비 점유율은 35.5%에 해당하는 것으로 진료비 집중이 심해지는 것을 의미한다.

| 구분 | 합 계 | 예비 노인 | | 노인 | | | |
|---|---|---|---|---|---|---|---|
| | | | | 전기 노인 | | 후기 노인 | |
| | | 금액 | (점유율) | 금액 | (점유율) | 금액 | (점유율) |
| 2010년 | 214,524(100) | 73,737 | (34.4) | 82,634 | (38.5) | 58,153 | (27.1) |
| 2011년 | 232,488(100) | 80,068 | (34.4) | 85,926 | (37.0) | 66,494 | (28.6) |

| | | | | | | | | |
|---|---|---|---|---|---|---|---|---|
| 2012년 | 249,032(100) | 84,196 | (33.8) | 89,844 | (36.1) | 74,992 | (30.1) |
| 2013년 | 269,180(100) | 89,391 | (33.2) | 94,253 | (35.0) | 85,536 | (31.8) |
| 2014년 | 294,806(100) | 96,573 | (32.8) | 99,419 | (33.7) | 98,814 | (33.5) |
| 2010대비 증가율 | 37.4 | 31.0 | | 20.3 | | 70.0 | |
| (평균 증가율) | 8.3 | 7.0 | | 4.7 | | 14.2 | |

※ 노인성 질환(뇌혈관·치매·파킨슨·기저핵의 기타퇴행성 질환) 관련 입원 환자 수는 지속적으로 증가하는 추세에 있으며, 특히 치매질환으로 입원한 경우 2010년에 비해 예비 노인은 46.1%, 전기 노인은 29.7%, 후기 노인은 86.3% 증가한 것으로 나타남(외래환자 수의 증가율도 다른 질환보다 높음)

– 입원진료비는 후기노인에서 노인성 질환(뇌혈관질환·치매·파킨슨) 관련 비용 규모가 클 뿐 아니라 증가율 수준도 74.6%, 138.4%, 204.5%로 매우 높았음

※ 향후, 후기 노인의 높은 환자 수 증가는 노인 진료비 증가에 큰 영향을 미칠 것이며, 이와 더불어 예비 노인의 노인 인구로의 신규 진입도 새로운 노인 진료비 증가요인이 될 것으로 추정됨

– 예비노인 환자 수 규모는 전체 노인 환자 수 규모와 비슷하며, 예비노인 진료비 증가율(31.0%)이 전기노인 진료비 증가율(20.3%)을 앞서고 있음(표1)

– 1인당 진료비는 예비 노인보다 전기노인이 1.6배, 후기 노인이 2.5배 높아서(표2), 예비 노인이 노인 인구로 편입되면 노인 진료비 규모 증가는 더욱 빨라질 것으로 예상됨

※예비 노인에는 우리나라 베이비부머 세대(1955~63년 출생)가 포함됨

## 한도액을 초과한 전액 자기부담

병간호보험 서비스를 이용한 경우 이용자 부담은 원칙적으로 들어간 비용의 10%다. 재택 서비스를 받으면 이용 가능한 서비스의 지급한도액이 병간호 유형별로 정해져 있다. 예를 들어, 병간호 2

〈노인성 질환별 환자수 및 금액 추이〉

| 구 분 | | | 예비노인 | | 노인 | | | |
|---|---|---|---|---|---|---|---|---|
| | | | | | 전기노인 | | 후기노인 | |
| | | | 환자 수 | 금액 | 환자 수 | 금액 | 환자 수 | 금액 |
| 입원 | 뇌혈관 질환 | 2010년 | 30,731 | 1,861 | 51,198 | 3,155 | 62,593 | 4,039 |
| | | 2014년 | 46,913 | 2,658 | 64,297 | 3,987 | 94,707 | 7,051 |
| | | 증가율 | 52.7 | 42.8 | 25.6 | 26.4 | 51.3 | 74.6 |
| | 치매 | 2010년 | 2,059 | 142 | 10,474 | 719 | 50,369 | 4,032 |
| | | 2014년 | 3,008 | 232 | 13,586 | 1,092 | 93,844 | 9,612 |
| | | 증가율 | 46.1 | 63.4 | 29.7 | 51.9 | 86.3 | 138.4 |
| | 파킨슨 | 2010년 | 1,451 | 76 | 5,137 | 277 | 8,012 | 563 |
| | | 2014년 | 2,218 | 129 | 7,048 | 497 | 17,078 | 1,713 |
| | | 증가율 | 52.9 | 69.7 | 37.2 | 79.4 | 113.2 | 204.3 |
| | 기저핵의 기타 퇴행성 질환 | 2010년 | 36 | 3 | 88 | 3 | 69 | 4 |
| | | 2014년 | 55 | 2 | 104 | 5 | 114 | 7 |
| | | 증가율 | 52.8 | −33.3 | 18.2 | 66.7 | 65.2 | 65.2 |
| 외래 | 뇌혈관질환 | 2010년 | 183,162 | 300 | 275,914 | 437 | 211,477 | 316 |
| | | 2014년 | 217,704 | 323 | 303,725 | 453 | 292,073 | 403 |
| | | 증가율 | 18.9 | 7.7 | 10.1 | 3.7 | 38.1 | 27.5 |
| | 치매 | 2010년 | 12,795 | 28 | 56,836 | 123 | 130,679 | 262 |
| | | 2014년 | 16,079 | 30 | 81,865 | 158 | 270,696 | 501 |
| | | 증가율 | 25.7 | 7.1 | 44.0 | 28.5 | 107.1 | 91.2 |
| | 파킨슨 | 2010년 | 10,823 | 68 | 30,961 | 174 | 30,551 | 142 |
| | | 2014년 | 12,981 | 55 | 34,860 | 147 | 49,347 | 178 |
| | | 증가율 | 19.9 | −19.1 | 12.6 | −15.5 | 61.5 | 25.4 |
| | 기저핵의 기타 퇴행성 질환 | 2010년 | 267 | 0 | 430 | 1 | 311 | 1 |
| | | 2014년 | 328 | 1 | 576 | 2 | 515 | 1 |
| | | 증가율 | 22.8 | 100 | 34.0 | 100 | 65.6 | 0 |

출처 : 보건복지부 2015년 4월 1일 보도자료

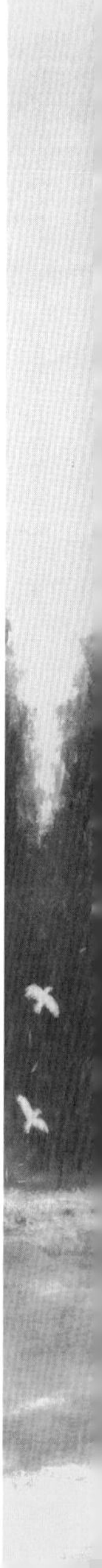

급의 경우 한도액은 한 달에 19만 6,160엔이다. 한도액을 초과하면 전액 자기부담이다. 저소득과 고액비용의 경우에는 부담 경감 장치도 있다.

## 약 70% 가구에서 노인이 노인을 돌본다

주로 병간호를 하는 사람은 60% 이상이 병간호가 필요로 하는 사람과 함께 사는 사람이다. 배우자가 26.2%, 자녀가 21.8%, 자녀의 배우자가 11.2%이고, 성별로는 여성이 68.7%, 남성이 31.3%로 여성이 압도적으로 많다. 연령으로는 남성은 69.0%, 여성은 68.5%가 60세 이상으로 '노인이 노인을 돌보는 상황'이다.

한 살이라도 젊을 때 가족의 10년 후를 내다보고 만반의 준비를 갖추어야 한다.

### ■ 지금 한국에서는 ■

**〈돌봄이 필요한 노인을 주로 돌보는 사람〉**

| 2005년 | | | | | | | |
|---|---|---|---|---|---|---|---|
| 고령자의 배우자 | 고령자의 며느리 | 고령자의 아들 | 고령자의 딸 | 고령자의 사위 | 고령자의 손부녀 | 고령자의 손부 | 기타/응답 없음 |
| 31% | 18% | 7% | 23% | 3% | 8% | – | 10% |

출처 : 여성가족부 가족실태조사

## 비명을 지르는 공동체 ❷

# 끊임없이 늘어나는 독거노인

고독사를 우려하는 혼자 사는 고령자 : 44.5%

(내각부)

### 1,000만 명을 넘어선 고령자 가구

'2015년판 고령 사회 백서'에 따르면 고령자가 있는 가구는 1993년, 처음으로 1,176만 가구로 1,000만 가구를 넘어선 이후 2013년에는 2,242만 가구로 2,000만 가구를 돌파했다.

이 중 고령자 혼자 사는 가구는 폭발적으로 증가하고 있다. 1993년 182만 가구에서 20년 후인 2013년에는 573만 가구로 세 배 가까이 치솟았다.

### 늘어나는 고령자 고독사

1인 고령자 가구가 증가하며 지켜보는 이 하나 없이 홀로 세상을 떠난 후 상당 기간 방치된 후 발견되는 '고독사'가 증가하고 있다. 도쿄도 감사의무원이 공표한 자료에 따르면, 도내 1인 가구 중 65세 이상 자택 사망자 수는 2002년 1,364명에서 2013년 2,869명으로 증가 추세다.

또 고립행정법인 도시재생기구가 운영 관리하는 임대주택 약 75만 호 중 고독사 후 상당기간 경과 후(일주일 이상) 발견되는 건수(자살 · 타살 제외)는 2013년 194건으로, 그중 129건이 65세 이상 고령자라고 한다.

**〈도쿄도내 1인 가구 중 65세 이상 자택 사망자 수〉**

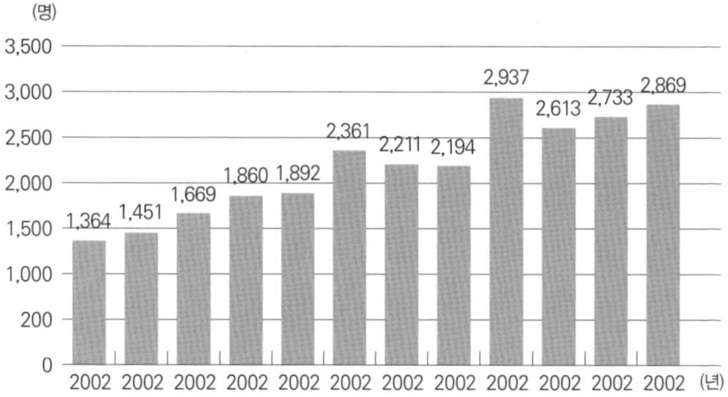


내각부 '2015년판 고령사회 백서' 참조

## ■ 지금 한국에서는 ■

**〈고령자 거주 가구〉**

| | 세대 구성 | 2010년 | | | | | | |
|---|---|---|---|---|---|---|---|---|
| 전국 | | 60세 이상-계 | 60~64세 | 65~69세 | 70~74세 | 75~79세 | 80~84세 | 85세 이상 |
| | 계 | 5,421,134 | 1,347,524 | 1,215,424 | 1,150,992 | 879,006 | 513,332 | 314,856 |
| | 1인 가구 | 1,320,630 | 254,265 | 272,984 | 300,099 | 262,765 | 156,371 | 74,146 |

출처 : 통계청 인구 총조사

〈독거노인 현황〉

- 2015년 독거노인은 138만 명으로 2000년(54만 명)에 비해 2.5배 이상 증가, 2035년에는 현재 독거노인의 약 2.5배(343만 명) 증가할 전망

〈독거노인 수(추계)〉 (단위 : 1,000명, %)

| 구 분 | 2000 | 2010 | 2015 | 2025 | 2035 |
|---|---|---|---|---|---|
| 노인인구 수 (총인구 중 비율) | 3,395 (7.2) | 5,452 (11.4) | 6,624 (13.1) | 10,331 (19.9) | 14,751 (28.4) |
| 독거노인 수 (전체노인 중 비율) | 544 (16.0) | 1,056 (19.4) | 1,378 (20.8) | 2,248 (21.8) | 3,430 (23.3) |

※ 독거노인 138만 명 중 소외된 독거노인으로 공공 · 민간의 보호가 필요한 독거노인은 약 44% 수준으로 60만 명으로 추정

출처 : 보건복지부 2015년 2월 13일 보도자료 중 붙임자료에서 발췌

## ■ 지금 한국에서는 ■

- 2016년 8월 기준으로 서울시와 KBS 등에서 조사를 시행했으나, 우리나라 정부에서 전 인구를 대상으로 실시한 공식 고독사 통계는 전무하다. 사실, 고독사라는 용어 자체가 일본에서 파생해 국내에서는 이에 대한 용어 정의조차 이루어지지 않고 있다.
- 한국유품정리사협회에서 2014년 4월 국회 보건복지위원회에 고독사 관련 통계자료를 제출했다고 하나, 국회 전체 상임위 자료실이나 기타 정부 통계 포털 등에서 관련 자료를 확인할 수 없다.
- 2016년 7월부터 11월에 걸쳐 서울시복지재단에서 50세 이상 서울시민 3,000명 이상을 대상으로 노후 준비에 관한 심층면접 및 설문조사를 실시한 예정으로, 설문 문항 중 죽음(고독사)에 대한 인식, 태도(준비 정도)를 묻는 질문이 포함되어 있어 향후 귀추가 주목된다.

**〈고독사 실태 파악 조사〉**

- 2013년 명백한 고독사 : 1,717건 / 고독사 의심 사례 : 1만 1,002건
- 연령대별 고독사 발생 비율

  30대 : 6.2%

  40대 : 17.0%

  50대 : 29.0%

  60대 : 17.7%

  70대 : 9.1%

출처 : KBS파노라마

- 2014년 서울시 무연고 시체 처리 수 총 : 299건, 전국 1위(1,008건 중 29.6%)
- 2013년 서울지역 고독사 발생 건수(의심 건수 포함) : 2,343건(매일 6.4건, 지역별로는 강남구가 연 156건으로 1위)

출처 : 서울시복지재단 정보공개 자료실

**〈독거노인 현황 조사 결과 동거 형태〉**

| 독거 | 동거 | 시설 입소 |
|---|---|---|
| 74만 명 | 18만 명 | 4.7만 명 |

- 혼자 사는 74만 명 노인의 사회활동 참여 여부, 이웃·가족과의 관계 등 조사 결과는 다음과 같다.
  - (사회활동 참여) 경로당 · 복지관 · 종교시설 등의 사회활동에 참여하는 경우가 63%, 정기적으로 다니는 곳이 없는 분들은 37%에 이른다.
  - (이웃·가족과의 관계) 전체의 16%는 가족(이웃은 13%)과 만나지 않거나 연간 1~2회 정도만 만나고 있어 일부 독거노인의 사회적 관계가 단절된 모습이 발견되었다.
  - (식사 횟수) 일 2회 이하로 식사하는 어르신은 전체의 25%로, 이는 식습관 때문이 주된 이유이나 그중 2.3%는 경제적 어려움 때문이라고 응답하였다.
  - (건강 상태) 약 4.7%(7만 명)가 우울감이 있고, 대다수 독거노인은 질병으로 인해 일상생활의 어려움은 있지만 5%만이 심각한 수준이라고 밝혔다.

출처 : 보건복지부 2015년 4월 21일 2015년 전국 100만여 명 독거노인 생활실태 조사 보도자료

### 매일 대화를 나눌 사람이 있으면 고독사를 걱정하지 않는다

65세 이상 1인 가구 남녀에게 고독사에 관해 질문한 '1인 고령자 가구 의식조사(내각부)'에 따르면 '고독사를 걱정한다'('매우 걱정한다' +'어느 정도 걱정한다')가 44.5%로, '걱정하지 않는다'('그다지 걱정하지 않는다', '전혀 걱정하지 않는다')가 52.1%.

대화 빈도별로 살펴보면, '고독사를 걱정한다'라고 대답한 사람 중 '매일 대화를 나눌 사람이 있다'라는 사람은 38.2%, '한 달에 한두 번 대화를 나눈다'라는 사람은 63.4%로 2배 가까이 격차가 벌어졌다.

나이가 들어서도 다른 사람과 접점이 있고, 소통할 수 있는 능력이 중요하다. 고독사가 두렵다면 젊어서 소통능력을 갈고닦기 바란다.

### ■ 지금 한국에서는 ■

- 보건복지부는 독거노인이 마음을 터놓고 의지할 수 있는 친구를 만드는 '독거노인 친구 만들기' 사업을 실시하고 있다. '독거노인 친구 만들기' 사업이란, 가족·이웃과의 관계가 단절된 채 혼자 살아가며 우울감과 자살충동 등이 있는 독거노인을 발굴하여 노인복지관 등에서 사회관계 활성화 프로그램, 심리 상담·치료 등을 제공하고, 비슷한 연령대의 독거노인과 함께 지내면서 '상호돌봄 관계망'을 형성하도록 도와주는 사업이다.
- 그동안 보호가 필요한 독거노인에게 어르신의 안부·안전을 확인 등 다양한 복지서비스 지속 제공해왔는데, 친구 만들기 사업은 사회로부터 고립된 노인을 사회 밖으로 이끌어내어 지역사회 복지프로그램을 이용할 수 있도록 도와주어 '홀로 사는 노인들이 서로 의지할 수 있는 친구가 되도록 도와주는 것'에서 다른 복지 사

업과의 차이점이라고 할 수 있다.

- 2014년도 추진한 사업의 추진 성과
  - 전국 61개 노인복지관 등에서 3,500여 명의 독거노인을 은둔형, 우울증 · 자살 위험군, 관계위축군 등으로 나누어 다양한 서비스를 제공하였다.
  - (은둔형 노인군) 외부인과 사회적 관계를 전혀 맺지 않고 있는 은둔형 외톨이
  - (우울증 자살 고위험군) 자살 시도 경험이 있는 노인과 의료기관에서 우울증으로 진단받은 노인 중에서 자살 위험이 높은 독거노인
  - (관계위축군) 우울감과 고독감이 높고 자살 위험이 중간 수준 정도인 노인
- 사업 참여 전과 후의 고독감 · 우울감 · 자살 생각 · 친구 수 등을 비교한 결과, 사업 참여 후에 고독감 · 우울감 · 자살 생각은 감소하고 친구 수는 증가한 것으로 나타났다.

| | 평균 | | 은둔형 노인군 | | 우울 · 자살위험군 | | 관계위축군 | |
|---|---|---|---|---|---|---|---|---|
| | 전 | 후 | 전 | 후 | 전 | 후 | 전 | 후 |
| 고독감 (4점 만점) | 2.9 | 2.29 | 3.05 | 2.55 | 2.98 | 2.37 | 2.84 | 2.24 |
| 우울 (30점 만점) | 10.34 | 6.44 | 10.95 | 7.25 | 11.28 | 7.18 | 9.79 | 6.00 |
| 자살 생각 (38점 만점) | 13.21 | 7.91 | 15.10 | 11.01 | 17.47 | 9.89 | 10.76 | 6.67 |
| 친구 수 (명) | 0.70 | 1.19 | 0.18 | 0.63 | 0.63 | 1.71 | 0.76 | 2.17 |

출처 : 보건복지부 2015년 2월 13일 보도자료 발췌

## 비명을 지르는 공동체 ❸
# 가정폭력에 멍드는 가족들

### 가정폭력 검거 수 : 10년 사이에 5배

**배우자가 가해자가 되어 이루어지는 폭행**

전국 20세 이상 남녀에게 질문한 '남녀 간 폭력에 관한 조사(내각부, 2014년)'에 따르면, 결혼한 경험이 있는 사람 중 배우자(사실혼 및 동거 중인 부부, 전 배우자 포함)에게 '신체에 대한 폭행', '정신적 괴롭힘이나 공포를 조장하는 협박', '생활비를 주지 않는 등의 경제

**〈'신체적 폭행', '심리적 공격', '경제적 압박', '성적 강요' 중 한 가지라도 당한 적이 있다〉**

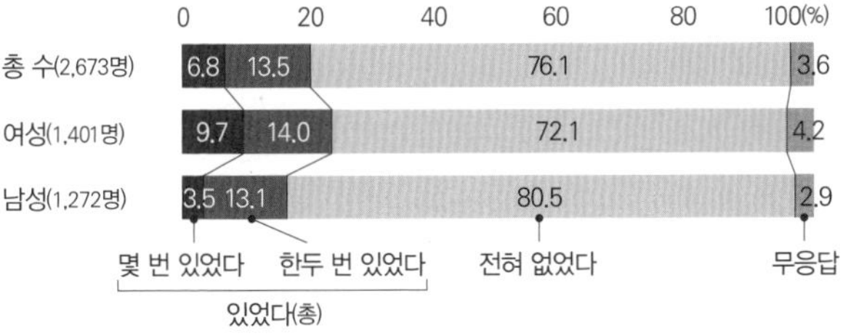


내각부 '2014년도 남녀 공동 참가사회 형성 상황' 참조

적 압박', '성적 행위 강요' 중 '한 번이라도 당한 적이 있다'라고 대답한 사람 중 여성은 23.7%, 남성은 16.6%였다. 이 중 '몇 번이나 당했다'고 대답한 사람은 여성이 9.7%, 남성이 3.5%였다.

## 사건의 피해자는 여성

배우자 사이의 폭력, 즉 가정폭력 피해자의 대다수는 여성이다.

### ■ 지금 한국에서는 ■

**〈2015년도 가정폭력 피해자 지원시설 운영실적 중 가정폭력 상담 건수〉**

| 연도 | 2010 | 2011 | 2012 | 2013 | 2014 | 2015 |
|---|---|---|---|---|---|---|
| 건 | 60,489 | 71,070 | 94,985 | 122,229 | 137,560 | 159,081 |
| % | 33.0 | 37.2 | 43 | 48.2 | 51.8 | 58.0 |

출처 : 여성가족부 통계자료 자료실

**〈연도별 지난 1년간 부부폭력 발생률〉**

| 구분 | 부부 폭력률 | 신체적 폭력 (경한 폭력) | 신체적 폭력 (중한 폭력) | 신체적 폭력 (경한+중한) | 정서적 폭력 | 경제적 폭력 | 성학대 | 방임 |
|---|---|---|---|---|---|---|---|---|
| 2013년 | 45.5 | 7.2 | 0.6 | 7.3 | 37.2 | 5.3 | 5.4 | 27.3 |
| 2010년 | 53.8 | 16.3 | 3.3 | 16.7 | 42.8 | 10.1 | 10.4 | 30.5 |
| 2007년 | 40.3 | 11.1 | 4.8 | 11.6 | 33.1 | 4.1 | 10.5 | 19.6 |
| 2004년 | 44.6 | 15.2 | 4.8 | 15.7 | 42.1 | 0 | 7.1 | 0 |

출처 : 여성가족부 가정폭력실태 조사

2014년 경찰이 검거한 배우자 살인, 상해, 폭행 사건은 5,807건으로, 이 중 5,417건(93.3%)은 여성이 피해자였다. 특히 상해(94.5%), 폭행(94.0%)로 높았고, 상해와 폭행 모두 26년 동안 급증했다.

## 배우자 사이의 폭력 상담 건수는 10만을 돌파

배우자 사이의 폭력에 대해서는 각 지자체의 여성상담소 등이 지원센터 기능을 맡고 있다. 전국 지원센터로 들어오는 상담은 매년 증가 일로에 있으며, 2014년 상담은 약 10만 3,000건으로 처음으로 10만 단위를 돌파했다.

또 경찰로 들어오는 폭력 상담 등(폭력 사실을 상담, 지원 또는 보호 요구, 피해 신청서 접수, 고발장 접수, 검거 등)의 대응은 약 1만 2,600건이었던 2003년 이후 해마다 증가해 2014년에는 5배 가까이 치솟은 약 5만 9,000건으로 집계되었다.

**〈배우자 간 범죄(살인·상해·폭행) 피해자의 남녀별 비율〉**

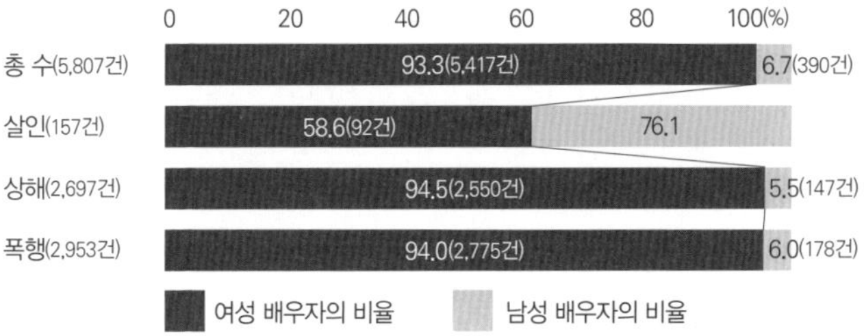


내각부 '2014년도 남녀 공동 참가 사회 형성 상황' 참조

■ 지금 한국에서는 ■

〈지난 1년 동안 응답자가 가해한 가족원폭력의 피해자〉 (중복 응답)

| 구분 1 | 구분 2 | 2013년 | | | | | |
|---|---|---|---|---|---|---|---|
| | | 아버지 | 어머니 | 배우자의 부모 | 형제자매 | 기타 | 계 (분석 대상수) |
| 전체 | 신체적 폭력 | 7 | 14.4 | 1.3 | 71.1 | 14.9 | 49 |
| | 정서적 폭력 | 15.4 | 28.8 | 3.4 | 56 | 15.4 | 472 |
| 여성 | 신체적 폭력 | 3.3 | 7.1 | 3.5 | 60.3 | 32.6 | 19 |
| | 정서적 폭력 | 13 | 24.5 | 7.5 | 56.2 | 19.7 | 198 |
| 남성 | 신체적 폭력 | 9.3 | 18.9 | 0 | 77.6 | 4.1 | 30 |
| | 정서적 폭력 | 17.1 | 31.9 | 0.5 | 55.8 | 12.2 | 274 |

출처 : 여성가족부 가정폭력실태 조사

## 일시 보호를 받는 사례 연간 만 건 이상

여성상담소는 배우자 폭행 피해자 및 그 동반가족에게 일시 보호를 제공한다.

2014년도에는 약 1만 1,800건의 일시 보호가 이루어져 매년 1만 건 이상의 사례가 발생한다. 여성상담소는 배우자 폭력 피해자 이외에도 머물 곳이 없는 여성과 인신매매 피해자 등에게 일시 보호를 제공한다.

## 헤어지지 못하는 이유

폭력을 휘두르는 사람과 함께 살 바에야 하루라도 빨리 헤어져 새

로운 생활을 하는 게 낫겠지만, '배우자를 떠나 생활할 수 없는 이유'를 물은 조사(2006년)에 따르면

'당장 생활에 필요한 돈이 없다'(54.9%),

'몸과 마음의 상처가 낫지 않았다'(52.9%),

'주소를 알려주고 싶지 않지만 주민등록 문제로 거주지를 마음대로 이전할 수 없다'(52.6%),

'재판과 조정에 시간과 에너지, 돈이 필요하다'(48.9%),

'상대방이 두려워 짐을 챙기러 집으로 돌아갈 엄두가 나지 않는다'(48.1%)

등이었다.

역시 이번에도 돈이 발목을 잡는다. 만약을 대비해 푼돈이라도 좋으니 조금씩이라도 저축하는 노력이 필요하다.

## ■ 지금 한국에서는 ■

**〈본인 가정에 가정폭력 발생 시 경찰신고 의향 및 신고를 하지 않는 이유〉**

| 구분 1 | 구분 2 | 2013년 | | | | | | | | | |
|---|---|---|---|---|---|---|---|---|---|---|---|
| | | 비율 (%) | 빈도 | 빈도 | 가족 이므로 | 더 학대 받을 까봐 | 대화로 해결 하기를 원해서 | 창피 해서 | 생활비 중단 염려 | 신고해도 소용이 없을 것 같아서 | 기타 |
| 전체 | 신고함 | 55 | – | – | – | – | – | – | – | – | – |
| | 신고함 | – | 2,751 | – | – | – | – | – | – | – | – |
| | 신고 하지 않는 이유 | – | – | 2,240 | 57.4 | 1.5 | 23.7 | 12.5 | 0.3 | 4.2 | 0.3 |

| | | | | | | | | | | | |
|---|---|---|---|---|---|---|---|---|---|---|---|
| 여성 | 신고함 | 60.7 | – | – | – | – | – | – | – | – | – |
| | 신고함 | – | 1,530 | – | – | – | – | – | – | – | – |
| | 신고하지 않는 이유 | – | – | 989 | 58.1 | 1.5 | 20.4 | 13.9 | 0.3 | 5.4 | 0.4 |
| 남성 | 신고함 | 49.3 | – | – | – | – | – | – | – | – | – |
| | 신고함 | – | 1,221 | – | – | – | – | – | – | – | – |
| | 신고하지 않는 이유 | – | – | 1,251 | 56.9 | 1.5 | 26.4 | 11.4 | 0.3 | 3.2 | 0.3 |

출처 : 여성가족부 가정폭력실태 조사

### 〈가정폭력을 당하면서도 헤어지지 못하는 이유〉

1. 언젠가는 나아지리라는 희망 때문에 – 34.5%
2. 구타하는 남편에게 자식을 맡길 수 없어서 – 21.1%
3. 보복이 두려워서 – 14.2%
4. 자식을 빼앗길까 봐 – 12.3%
5. 이혼여성에 대한 사회적 편견 때문에 – 7.3%

출처 : 여성의 전화 1994년 상담사례 분석 결과

비명을 지르는 공동체 ❹

# 정신질환자가 급증하는 위험한 사회

치매 고령자 : 2025년에는 700만 명
(후생노동성)

## 우울증, 치매가 증가

후생노동성의 조사에서는 정신질환으로 의료기관에 수용된 환자 수가 최근 큰 폭으로 증가해 2011년에는 320만 명으로 300만 명대를 넘어섰다. 질환별로 상세 내역을 살펴보면 우울증, 종합실조증, 불안장애, 치매 순으로 환자가 많았다. 특히 우울증과 치매가 증가했다.

## 정신건강 대책의 중요성

의료기관을 찾아 진료를 받는 환자 수가 2011년 95만 명 정도로 추정되는 '우울증'은 직장 스트레스와 본인의 자질, 가정 및 사회 환경 영향이 크다고 여겨진다. 직장에서의 정신건강 대책 중요성도 아울러 지적된다.

### 대책 짜기에 골몰한 기업

2013년 후생노동성 '노동 안정 위생 조사'에 따르면, 과거 1년 동안 정신건강 문제로 연속해서 1개월 이상 휴업 혹은 퇴직한 노동자가 있는 사업장은 10.0%로, 2012년의 8.1%보다 좀 더 늘어났다. 산업별로 보면, 정보통신업이 28.5%로 가장 많았다.

직원의 정신건강 관리 대책을 세우고 있다고 대답한 사업장은 60.7%로 사업장 규모가 클수록 높았고, 300명 이상인 사업장이 90% 이상이었다.

### 일에 관한 고민, 스트레스

자신의 일과 직업생활에서 느끼는 불안, 고민, 스트레스로 상담할 수 있는 사람이 있다는 노동자는 90.8%에 달했다. 상담 상대는 '가족과 친구'가 82.2%였고, '상사와 동료'가 75.8%였다.

또 일과 직업생활에서 느끼는 불안과 고민, 스트레스의 이유로는 '업무의 질 또는 양'이 65.3%, '업무 실패 및 책임 발생 등'이 36.6%, '성희롱 또는  직장 내 권력형 폭력을 포함한 인간관계'가 33.7%였다.

### 고령자 약 5명 중 1명이 치매

급속한 고령화로 '치매'가 사회문제로 부상하고 있다. 2015년 1월 정부는 치매대책 추진 종합전략(신 오렌지 플랜)을 확정하고, 10년 후인 2025년 치매 고령자는 700만 명(고령자 약 5명 중 1명)이 된다는 아찔한 예측을 내놓았다.

치매로 인한 입원 환자 및 외래환자 합계는 2011년 51만 2,000명, 65세 미만에 치매가 발병한 약년성 치매는 2009년 시점에서 약 38만 명 정도다. 가족을 부양하기 위해 일해야 하는 세대를 위해 각 지자체에서는 상담창구를 마련하고 교류의 장을 만들어 일자리를 주선하는 등의 지원 사업에 나서고 있다.

치매 등의 질환에 병간호비와 병원비가 나오는 생명보험도 있다. 전문가와 상담해 필요한 보험에 미리 가입해 대비해두자.

행복도가 바닥을 치는 나라 ❶

# 행복도 순위 46위의 가짜 선진국

노후가 불안 : 57.9%
(내각부)

## 일본의 행복도는 48위

국제연합(UN)은 2015년 4월, 이번으로 세 번째인 세계 행복도 조사 보고서를 발표했다. 국민 1인당 실질 GDP, 인생 선택 자유도, 부정부패 수준 등으로 산출한다. 대상이 되는 158개 국 중 1위는 스위스, 2위 아이슬란드, 3위 덴마크 순이다. 아시아에서는 대만 38위, 일본 46위, 한국 47위, 중국 84위. 선진국 일본은 기대 이하의 성적을 기록했다.

## 종합계는 높아진 '행복도'

일본 내에서 시행한 '국민생활 선호도 조사(내각부 2011년)'를 보면, 어느 정도 행복한지를 10단계 평가('매우 행복하다'가 10점)로 물은 결과, 평균치는 6.14였다. 과거 2년과 비슷한 수준이다. 다만 7점(20.0), 8점(17.7)이라고 높은 점수를 대답한 사람이 많아 이번 조사에서는 전체적으로 행복도가 약간 높아졌다고 볼 수 있다.

〈개인의 행복감을 연도별로 비교〉

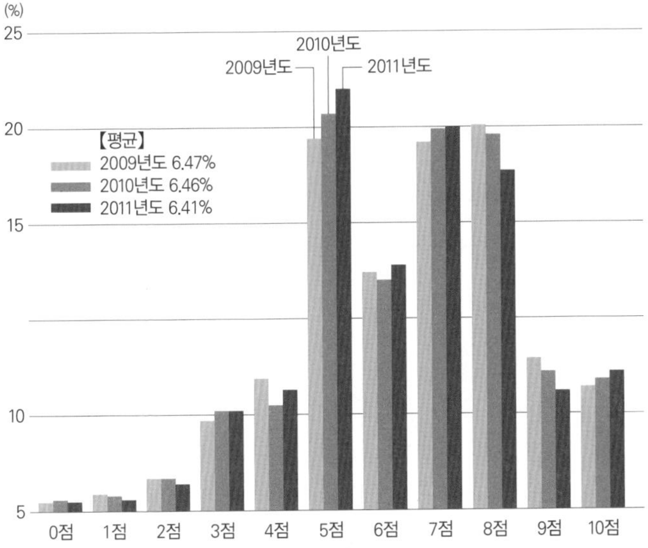


내각부 : '개인의 행복감 연도별 비교' 참조
주 : 어느 정도 행복한지를 10단계 평가('매우 불행하다'를 0점)로 산정했다

## ■ 지금 한국에서는 ■

〈주관적 행복감〉

| 구분별 | 전혀 행복해 하지 않았다 | ① (%) | ② (%) | ③ (%) | ④ (%) | ⑤ 보통 (%) | ⑥ (%) | ⑦ (%) | ⑧ (%) | ⑨ (%) | ⑩ 매우 행복했다 (%) | 평균 (10점) |
|---|---|---|---|---|---|---|---|---|---|---|---|---|
| 2014년 | 0.8 | 1.2 | 2.6 | 3.5 | 4 | 28.3 | 11.9 | 20.6 | 16.8 | 6 | 4.3 | 6.2 |
| 2015년 | 0.9 | 0.8 | 2.1 | 3.6 | 3.4 | 28.1 | 12.7 | 19.3 | 17.2 | 7.3 | 4.6 | 6.3 |

출처 : 한국행정연구원 사회통합실태 조사

### 생활수준은 향상되었을까

2014년 6월 조사한 '국민생활에 관한 여론조사(내각부)'에서는 좀 더 구체적으로 파고드는 질문을 늘렸다. '작년에 비해 생활이 어느 정도 나아졌는가?'라는 질문에 대한 대답으로 '향상되었다'가 6.0%, '엇비슷한 수준이다'가 72.9%, '생활수준이 떨어졌다'가 20.0%로 나타났다. 지난번 조사와 비교하면 '생활수준이 떨어졌다'라고 대답한 사람이 약 4포인트 증가했다.

### 불만이 많은 금전문제

'현재 생활에 어느 정도 만족하는가?'를 물은 질문에서는

'만족'이 70.3%, '불만'이 29.0%로 나타났다.

소득과 수입 면에서는 '만족'이 44.7%, '불만'이 54.1%,

자산과 저축 면에서는 '만족'이 37.3%, '불만'이 60.2%,

식생활 면에서는 '만족'이 86.4%, '불만'이 13.1%,

주거생활 면에서는 '만족'이 78.6%, '불만'이 20.9%로 집계되었다.

### 노후생활에 대한 불안 및 고민

평소 생활하며 '고민과 불안을 느끼는가?'를 질문한 항목에서는 '느낀다'가 66.7%, '느끼지 않는다'가 32.6%였다. '고민과 불안을 느낀다'고 대답한 사람에게 그 내용을 물으니 '노후 생활설계'가 57.9%로 가장 높았고, '자신의 건강'이 49.7%, '가족의 건강'이 41.9%, '앞으로의 수입과 자산 전망'이 41.0%로 뒤를 이었다.

## ■ 지금 한국에서는 ■

〈경제적 생활수준(비율)〉

| 생활수준별 | 소득집단별 | 2011년 | 2010년 | 2006년 |
|---|---|---|---|---|
| 매우 가난 | 전체 | 5.96 | 6.06 | 6.90 |
| | 저소득 | 23.22 | 22.75 | 19.80 |
| | 일반 | 2.15 | 2.32 | 3.50 |
| 가난 | 전체 | 28.43 | 28.46 | 28.10 |
| | 저소득 | 48.18 | 47.28 | 43.60 |
| | 일반 | 24.08 | 24.24 | 24.00 |
| 보통 | 전체 | 62.29 | 62.34 | 60.90 |
| | 저소득 | 27.81 | 29.15 | 32.60 |
| | 일반 | 69.89 | 69.79 | 68.40 |
| 부유 | 전체 | 3.26 | 3.07 | 2.40 |
| | 저소득 | 0.79 | 0.82 | 0.70 |
| | 일반 | 3.80 | 3.57 | 2.90 |
| 매우 부유 | 전체 | 0.06 | 0.06 | 0.10 |
| | 저소득 | 0.00 | 0.00 | 0.00 |
| | 일반 | 0.07 | 0.08 | 0.10 |
| 모름/무응답 | 전체 | – | – | 1.60 |
| | 저소득 | – | – | 3.40 |
| | 일반 | – | – | 1.10 |

출처 : 한국보건사회연구원 한국복지패널 조사

### ■ 지금 한국에서는 ■

**〈노후 생활자금에 대한 불안도〉**

1. 염려 없다 – 7.8%
2. 조금 염려되지만 괜찮다 – 41.8%
3. 크게 염려된다 – 44.4%
4. 노후의 일은 생각하지 않는다 – 6.0%

출처 : 국가통계 포털 생명보험협회 생명보험성향 조사 2012년

## 생활의식은 '중의 중'

'생활수준은 일반적인 기준에서 보아 어느 정도인가?'를 묻자 '상'이라고 대답한 사람의 비율은 1.2%, '중상'은 12.4%, '중중'은 56.6%, '중하'는 24.1%, '하'는 4.6%였다.

'앞으로의 생활 전망'을 물은 질문에서는 '나아질 것이다'가 8.9%, '비슷한 수준을 유지할 것이다'가 62.7%, '나빠질 것이다'가 26.8%로 나타났다. '앞으로 생활에서 중점을 두고 싶은 부분'을 물은 질문에서는 '레저 및 여가생활'이 37.5%, '소득 및 수입'이 34.3%, '자산 · 저축'이 33.4%, '식생활'이 30.2%로 조사되었다.

삶의 방식이나 노동에 대한 가치관이 변해가는 시대다. 생활에서 불안을 느끼는 요소를 하나하나 없애나가야 한다. 그리고 무엇보다 자신의 자본(제2부 참조)을 풍요롭게 만드는 노력이 중요하다.

# 당신이 잔혹한 100명 마을에 산다면?

1판 1쇄 발행 2017년 12월 20일
1판 2쇄 발행 2018년 02월 28일

지은이 에가미 오사무
옮긴이 서수지
펴낸이 이재두
펴낸곳 사람과나무사이
등록번호 2014년 9월 23일(제2014-000177호)
주소 경기도 고양시 일산서구 강선로 141, 1602동 1504호
전화 (031)815-7176 팩스 (031)601-6181
이메일 jaedoori@hanmail.net
블로그 http://blog.naver.com/saram_namu
페이스북 https://www.facebook.com/saramnamusai
디자인 유경희
외부 기획 홍성민

ISBN 979-11-88635-01-6 03320



이 도서의 국립중앙도서관 출판예정도서목록(CIP)은 서지정보유통지원시스템 홈페이지(http://seoji.nl.go.kr)와 국가자료공동목록시스템(http://www.nl.go.kr/kolisnet)에서 이용하실 수 있습니다.(CIP제어번호 : CIP2017032904)